伟大钢琴家系列

米凯兰杰利

皮耶罗·拉塔利诺 著
陆辛耘 译

Arturo Benedetti
Michelangeli

PIERO RATTALINO

意大利泽基尼出版社提供版权

SMPH
上海音乐出版社
WWW.SMPH.CN

SLAV
上海文艺音像电子出版社
WWW.SLAV.CN

阿尔图罗·贝内代托·米凯兰杰利

苦行者

有关阿尔图罗·贝内代托·米凯兰杰利的传说始于一句名言:"新一代的李斯特就此诞生。"在这位年仅19岁、来自布雷西亚的钢琴演奏者于日内瓦钢琴大赛上崭露头角时,伟大的阿尔弗雷德·科托发出了这样的感叹。即便不是新一代的李斯特,他在当时所展现的才华也足以让人发现他惊人的钢琴天赋。然而,阿尔图罗·贝内代托·米凯兰杰利的职业生涯并非一帆风顺:在其成功的背后是他为追求完美——一种极端的、甚至超越人类极限的完美所付出的惨烈代价。荣耀而艰辛的生活,为不断超越自己而持续进行的斗争,注定不幸的命运,构成了一名艺术家的生命。而在费鲁奇奥·布索尼看来,对于一名音乐会演奏家而言,还缺少了一条:愤怒对情感的控制。

目　录

III

天使长的飞翔

战后的世界

1920年1月5日，阿尔图罗·贝内代托·米凯兰杰利(Arturo Benedetti Michelangli)出生在了意大利布雷西亚的一个家庭里。他成长于一个动荡的年代，在音乐界涌现的革命浪潮丝毫不亚于政界。而要说到发生在作曲领域的变革，我们就不得不提及伊戈尔·斯特拉文斯基(Igor Stravinski)。这位直到19世纪20年代初都一直备受推崇的先锋音乐家，出人意外地摒弃了曾使他声名鹊起的俄罗斯艺术风格。在携新作《普尔钦奈拉》(Pulcinella)重新登台之时，他还因其中对18世纪音乐的回顾引来一片谩骂之声，此后的《钢琴与管乐协奏曲》(Concerto per pianoforte e fiati)更是让一些素来喜欢标新立异的听众都瞠目结舌。这一时期另一位颇受争议的伟大先锋音乐家是阿诺德·勋伯格(Arnold Schönberg)。他放弃了自己一手开拓的表现主义风格，通过《钢琴组曲》Op. 25"发明"了一种新的创作手法。这种被称为"十二音体系"的技巧成为了此后三十年里人们争论的焦点。在其他音乐家中，理查德·施特劳斯(Richard Strauss)属于"古典"派，因为他在创作时几乎原封不动地保留了过去辉煌的音乐成就。与之相反的是拉威尔，只是，尽管他改变了自身的艺术风格，却仍没有失宠于公众。与此同时，巴托克（Bartók）、普罗科菲耶夫（Prokofiev）还有欣德米特（Hindemith）也纷纷登上了国际舞台。在意大利，随着1924年普契尼的去世，意大利音乐剧的发展也在几个世纪以来首次进入了停滞期，少有新鲜作品诞生。普契尼时代的艺术家们陆续退出了历史舞台，取而代之的是雷斯皮基（Respighi）、皮泽蒂（Pizzetti）、马利皮耶罗（Malipiero）和卡塞拉（Casella），他们成为了音乐界新一代的领军人物。

在钢琴界，年届七十的老一代音乐家却依然活跃，他们中有被视作不朽传奇、而仅非一名演奏大师的伊格纳西·杨·帕德雷夫斯基（Ignaz Jan Paderewski），有在歌剧上付出了比在钢琴上多百倍努力的欧仁·达尔贝（Eugène d'Albert），还有绍尔（Sauer）与罗森塔尔（Rosenthal）。1924年，这一代人失去了他们的一位战友，也是唯一一位在世纪之交的十年里堪称“一怪”的先锋演奏者——费鲁奇奥·布索尼（Ferruccio Busoni）。在年过五十的音乐家队伍中，有两位人物的光芒异常耀眼：一位是约瑟夫·霍夫曼（Josef Hofmann）——他在当时统治着美国的音乐会演奏界，很少去欧洲进行演出；另一位是阿尔弗雷德·科托（Alfred Cortot）——与前者相反，他在那片古老的大陆早已家喻户晓，还在20年代征服了美国音乐界。这支队伍另一个引以为傲的成员是谢尔盖·拉赫玛尼诺夫（Sergej Rachmaninov），他的许多钢琴曲都是人们耳熟能详的作品。在“一战”前，他只是以钢琴家兼创作者的身份出现在国际舞台上，而在战后，他却华丽变身为一名演奏家，并在极短的时间内取得了骄人的成绩与崇高的地位——虽略逊于帕德雷夫斯基，却足以和霍夫曼以及科托平起平坐。

上述演奏者的音乐会曲目总表全部符合“一战”前那个歌舞升平时代的传统：巴赫改编曲数不胜数，其古钢琴曲却凤毛麟角；斯卡拉蒂的作品不在多数，德国、法国与意大利的古钢琴片段则比比皆是；莫扎特、舒伯特的作品偶有出现,贝多芬的曲目却不胜枚举;浪漫主义风格的伟大作品尽在其中,德彪西与拉威尔的乐曲穿插其间。在所有这些演奏者中,只有布索尼在20年代初往自己的曲目表里添加了莫扎特的一些鲜为人知的协奏曲。自此,莫扎特的作品在音乐会曲目总表中出现的次数逐渐与贝多芬的作品相当。

真正对曲目总表进行彻底改造的是三四十岁的中青年代表。不仅如此,他们还创造了与前辈截然不同的演奏风格。这些人不依赖灵感,但非常重视艰苦的练习。在十年时间里,威廉·巴克豪斯(Wilhelm Backhaus)这样的钢琴家从一位受人尊敬却远非大红大紫的技巧大师成为了一名备受德国古典主义者与浪漫主义者推崇的演奏家。阿图尔·施纳贝尔(Artur Schnabel)也在一定程度上改变了贝多芬作品的演奏方式,并以与弹奏贝多芬作品相同的频率演奏莫扎特和舒伯特的曲目,还从自己的曲目表中删去了演释曲。爱德温·菲舍尔(Edwin Fischer)以其特有的风格重新诠释了巴赫的作品。而与同龄人相比有些大器晚成的阿图尔·鲁宾斯坦(Artur Rubinstein),也在30年代演绎了有别于帕德雷夫斯基和科托演奏风格的肖邦作品,获得了公众认可。瓦尔特·吉泽金(Walter Gieseking)则因其与众不同的曲目总表名满天下——他彻底删除了巴赫的改编曲,并脱离了《平均律钢琴曲集》中的“思辨”风格,重新探索了巴赫组曲的“华丽”风格;此外,他还剔除了所有其他古钢琴演奏者的作品,唯独为亨德尔和斯卡拉蒂的曲子留了一席之地。他把曲目表中的多数空间留给了德彪西和拉威尔的作品,以及大量的当代音乐。

以上便是19世纪20年代的音乐界动向。当然,那个时代的音乐界兼收并蓄,不仅尊崇像帕德雷夫斯基这样的老一辈音乐家,也以极大的热情接纳了像弗拉基米尔·霍洛维兹(Vladimir Horowitz)那样的年轻人。后者的曲目总表绝非“现代”,但他对于甜蜜感官的追求和对精湛技巧的独到见解却为传统演奏技法输入了新鲜血液。总而言之,两次世界大战之间的这段时期是钢琴音乐史上百家争鸣、百花齐放的阶段。

事实上,在那段时间里,一种新的文化,即以施纳贝尔、巴克豪斯、菲舍尔、鲁宾斯坦与吉泽金为首的新古典主义,正慢慢超越"一战"前那个歌舞升平"好时代"的文化,并最终取而代之。霍洛维兹的音乐文化理念虽然略显突兀,但他的创新、他演奏中丰富的音色、他的高超技艺——即便那个时代对于精湛的技巧早已司空见惯,却仍禁不住为他喝彩——以及有如针刺般紧张的表达张力,都是把他引入成功之地、将公众带向狂热之巅的关键因素。

在他的同龄人中——所罗门(Solomon)、塞尔金(Serkin)、阿劳(Arrau)、奇泽(Zecchi),没有一人与他相似。至于那些二十出头的年轻人,则大多效仿早他们一二十年出生的前辈:若有人不具备霍洛维兹的天赋却又想标新立异,他的结局就只能像埃尔文·尼莱吉哈奇(Erwin Nyiregihàzy)那般昙花一现了。在一定程度上,霍洛维兹违逆了时代精神,但他依旧寻找到了一位追随者——贝内代托·米凯兰杰利。

战后的意大利

尽管万般无奈,我却必须承认,20 年代的意大利在文化革命的舞台上仅仅充当了一个不起眼的配角。那个时代,除了布索尼,阿尔卑斯山南麓再未出现过任何国际知名的音乐会演奏家。即便是布索尼,当时也身居国外,对这个国家的文化变革只产生了间接的影响。至于 1903 年出生的卡洛·奇泽(Carlo Zecchi),当时虽已名扬海外,却仍不足以对意大利文化的变革起到一锤定音的作用。较之音乐会演奏家,教师似乎更能左右年轻人在选曲时的取舍。

曾在巴黎学习并长期居住的阿尔弗雷多·卡塞拉(Alfredo Casella)是当时最为人熟知的钢琴教师。不过他在 1923 年时离开了已为之工作八年之久的罗马圣切奇利亚音乐学院(Santa Cecilia,或称"罗马音乐学院"),

直到1933年才因教授由锡耶纳齐吉亚纳音乐学院(Accademia Chigiana di Siena)开设的暑期课程以及罗马圣切奇利亚皇家学院(Reale Accademia di Santa Cecilia di Roma)的全年课程而成为人们效仿的对象。除卡塞拉之外,还有在威尼斯教书的吉诺·塔利亚彼得拉(Gino Tagliapietra),但由于他曾先后在维也纳音乐学院和柏林分别跟随尤里乌斯·埃卜斯坦(Julius Epstein)和布索尼学习,他所接受的训练并不属于纯正的意大利风格。在南方声名赫赫的亚历山德罗·隆哥(Alessandro Longo)则大张旗鼓地与任何形式的"现代性"划清界限,他的根据地是那不勒斯音乐学院(Conservatorio di Napoli)。此外,还有在罗马音乐学院授课的钢琴指法理论家阿蒂利奥·布鲁尼奥利(Attilio Brugnoli)以及在米兰音乐学院(Conservatorio di Milano)教书的圭多·阿尔贝托·法诺(Guido Alberto Fano)和伦佐·洛伦佐尼(Renzo Lorenzoni)。

无论他们的名声大小,我们已经很难再对这些大师的作品作出评价,对于他们在私人教学上花费的时间与精力也无从知晓。但通过他们对一些经典作品的修改,我们还是可以发现,包括卡塞拉和塔利亚彼得拉在内的教师即便不算因循守旧,也绝非能用"新潮"甚至"先锋"来形容。由亚历山德罗·隆哥创办的《钢琴艺术》(L'arte pianistica)杂志从1914年创刊到1926年停刊,始终对新鲜事物持有怀疑态度。在1920年至1927年间于都灵出版的月刊《钢琴》(Il pianoforte)和随后的《音乐评论》(Rassegna Musicale)亦是如此。虽然两者力求在风格上保持一贯的现代性,但无论从何种角度看,它们所体现的都不过是一个充斥着乡土气息的世界(虽然我极不情愿使用这种说法,但我相信自己没错)。

只有在罗马和米兰——即使无法同莱比锡、德累斯顿、汉堡、芝加哥、波士顿这样的音乐中心相提并论——音乐生活还能算得上丰富多彩。总之,当时的情况完全不容乐观,何况30年代法西斯采取的文化专制还极大地阻碍了人们出国留学。然而,在"二战"后涌现出的意大利年轻演奏者却要远远多于"一战"之后:除了贝内代托·米凯兰杰利,还有戈里尼—洛伦齐(Gorini-Lorenzi)二重奏、的里雅斯特三重奏、意大利四重奏以及齐吉亚纳五重奏。在我看来,这一现象根本无从解释。

那么,我们是否就能认为两次世界大战之间的意大利拥有了此前所欠缺的文化土壤呢?答案自然是否定的。尽管与"一战"前的"好时代"相比已经得到了极大改善,但意大利的音乐文化依旧闭塞狭隘。这就好像"青年法西斯"师(Gioventù Italiana del Littorio),虽有严格体制,却培养不出年轻的勇士。卢吉·贝卡利(Luigi Beccali)和翁迪那·瓦拉(Ondina Valla)能够获得奥运会金牌完全是凭借他们自己与生俱来的惊人天赋,而贝内代托·米凯兰杰利得以在日内瓦脱颖而出也是相同的道理。至于意大利的二重奏、三重奏和四重奏演奏组合,则无需用任何比赛来证明他们自己——只是在各国观众面前进行演奏,他们就很快得到了来自各方的认可,并且同贝内代托·米凯兰杰利一样,他们的职业生涯长久而辉煌。

这个看似有些自相矛盾的结论,对于贝内代托·米凯兰杰利的两位钢琴教师在其音乐启蒙阶段所扮演的角色而言,无疑是具有讽刺意味的。这两位老师分别是布雷西亚的保罗·切莫利(Paolo Chimeri)和米兰的乔瓦尼·玛利亚·安佛西(Giovanni Maria Anfossi)。

保罗·切莫利是贝内代托·米凯兰杰利在布雷西亚文图里音乐学院(Istituto Musicale "Venturi" di Brescia)学习期间的老师。我曾读过他在1893年至1933年间由G. Ricordi & C. 和Carisch & Janichen出版的一些钢琴作品。切莫利于1852年出生在布雷西亚,曾指导过合唱,也在布雷西亚省内的歌剧季担任过指挥。他边创作,边教书。著名的音乐学家乔瓦尼·泰巴尔迪尼(Giovanni Tebaldini)和贾科莫·本韦努蒂(Giacomo Benvenuti)在跟随其他老师学习之前,就曾拜在他的门下。他的乐曲,包括在1933年出版的八首《钢琴创作》(Composizioni pianistiche)这类晚期作品,总能让人想起形形色色的沙龙与剧院,感受到玩世不恭的优雅与强烈的感情冲击。这类作品也是 19 世纪晚期意大利作曲家尼科洛·凡·威斯特豪特(Niccolò van Westerhout)和彼得罗·弗洛里迪亚(Pietro Floridia)的拿手好戏。总之,切莫利的品味相当落伍,而当贝内代托·米凯兰杰利被托付给他时,他已年逾七旬。

让小阿尔图罗离开文图里音乐学院很可能是其家族在 1930 年前那段时间里做出的决定。或许是因为他实在太小,家人决定让他去另一座城市——米兰进行学习,而为了不影响家庭生活,他们为阿尔图罗选择了家教的授课方式。他们原本想找一位音乐学院的主讲教授,但最终选择了乔瓦尼·安佛西。他在皇家女子学院任教,并在 De Amicis 大街拥有一家属于自己的私人学校,极具佛罗伦萨风格。

安佛西 1864 年 1 月 6 日出生于安科纳(Ancona),却在那不勒斯音乐学院完成了学业:他曾先后向弗朗切斯科·西蒙内蒂(Francesco Simonetti)和朱塞佩·马尔图奇(Giuseppe Martucci)学习钢琴,随保罗·塞劳(Paolo Serrao)和彼得罗·普拉塔尼亚(Pietro Platania)研习作曲。他在 1887 年毕业,次年成为维罗纳皇家学院(Collegio Reale di Verona)的老师,1894 年又去了米兰的皇家女子学院(Collegio Reale delle Fanciulle)和布鲁诺—莫朗迪学院(Istituto "Bruno-Morandi")教书。他的钢琴老师朱塞佩·马尔图奇曾是贝尼亚米诺·切西(Beniamino Cesi)的学生。可以说,安佛西在那不勒斯追随这位老师学习的经历为他日后烙有 19 世纪风格印记的高超技巧奠定了基础。我不知道在分别由布鲁诺·穆杰利尼(Bruno Mugellini)于 1903 年以及阿蒂利奥·布鲁尼奥利于 20 年代发起的有关演奏技巧的辩论里,安佛西究竟是何立场。即便他对《哈农钢琴练指法》进行了修订并交由 Carisch & Janichen 出版,也没有解决如何用现代钢琴演绎 19 世纪技术作品的问题。而那些由 Ricordi 和 Carisch 出版社出版的钢琴作品却都能让我们感受到强烈的马尔图奇的创作曲风,也向我们展示了被其视为根基的 19 世纪音乐的和声。

安佛西的《水之嬉戏》(Giuochi d'acqua)[《回忆》(Ricordanze)中的第五首 Op. 14]尽管在高潮部分出现了滂沱大雨般的强烈情绪爆发,却依然给人以安详宁静之感。无可避免地,人们会把这首曲子同拉威尔的《水之嬉戏》(Jeux d'eau)进行比较,但他无所畏惧。他在 1925 年发表了早在 1914 年就完成的《绿色情感》(Sensazione verde),该曲在风格上带有浓烈的印象主义色彩,但在音乐语言上却略显低调。安佛西在"一战"后创作的曲目让我们感受到了他更趋于"现代"的风格和语言。他在 1918 年 9 月创作并于 1925 年发表的《朱红视觉》(Visione vermiglia)中有这样一句注解:"好像一张寄给妈妈的明信片被一道血迹划过。"受到卡塞拉《战争记录》(Pagine di Guerra)的部分影响,《朱红视觉》更像是一部无声电影的配乐,具有超强的表现力(充满苦涩的激情、无奈的痛苦、令人窒息的情感,撕心裂肺)。此外,它还包含了一曲热烈激昂的《意大利万岁》(Vi-va l'I-talia)。然而,我所熟悉的安佛西后期作品,比如他于 1941 年在米兰发表的两首《印象》(Impressioni),却显露出他那种无奈的怀旧。

安佛西这种谨慎的保守主义也在费鲁奇奥·布索尼写给他妻子的一封信里得到了间接印证。在 1913 年 4 月 7 日至 5 月 12 日的这段时间里,布索尼在米兰举行了八场音乐会,按历史年代对演奏作品进行划分,并用他自己创作和改编的乐曲作为结尾。最后的那场音乐会以《第二小奏鸣曲》(Sonatina seconda)开始——这首别具一格的、带有幻想色彩的乐曲是布索尼最引人关注的音乐作品之一。那么,让我们回到刚才的话题。几个月后,也就是 9 月 28 日,布索尼在给妻子的信中这样写道:"安佛西在提到《第二小奏鸣曲》的时候,说根本不知道自己在做什么,还说'请您相信我。'"[费鲁奇奥·布索尼,《给妻子的信》(*Lettere alla moglie*),Ricordi,米兰 1955]我并不想对这封信里的蛛丝马迹妄加推断,但我可以认为,假如安佛西在 1913 年对布索尼巨大的风格转变不以为然,那么他就不会在 30 年代对斯特拉文斯基的新古典主义产生兴趣,对勋伯格的"十二音体系”以及巴托克或是普罗科菲耶夫的打击乐演奏技巧也会不屑一顾。像安佛西这样的音乐家——撇开他已七旬的年龄——他的文化视野一定对少年米凯兰杰利的音乐启蒙产生过不小的影响。在还未结出丰硕果实的当代创作领域里,米凯兰杰利的艺术天赋之花已悄然绽放。

竞 赛

阿尔图罗·贝内代托·米凯兰杰利在 1934 年 12 月 6 日,也就是 14 岁零 5 个月时,获得了毕业证书。他的考试成绩高至 10 分,低至 6 分,以 8 分和 10 分居多。我不知道安佛西过早要求贝内代托·米凯兰杰利取得毕业证书的用意,或许他是要让自己的学生创造纪录,尽管只是“相对的”纪录。因为早在 1914 年,圭多·阿格斯蒂(Guido Agosti)就以 13 岁的年龄于博洛尼亚(Bologna)毕业了,当时的考试委员会还是由学院院长费鲁奇奥·布索尼担任主席的。贝内代托·米凯兰杰利在毕业考试中弹奏的曲目有勃拉姆斯《帕格尼尼主题变奏曲》的第一部分(获得了最高分 10 分),这足以向我们证明,14 岁半的贝内代托·米凯兰杰利已经成为一名技术全面的钢琴演奏者。当然,作为演奏者,他究竟达到了何种境界,我们无从知晓。

在获得毕业证书之后,贝内代托·米凯兰杰利原本理应继续参加圣切奇利亚音乐学院由卡塞拉主讲的进修课程,但他却选择跟随安佛西学习,一晃便是五个春秋。得益于在米兰皇家女子学院的四十年授课经历,安佛西在自己虎视眈眈的圈子里早已织起一张广泛的人际关系网(出现在他音乐作品题词中的名字正是米兰精英界的缩影)。与此同时,他在距离米兰 80 公里的斯切萨(Stresa)小镇上还拥有一幢别墅。每到夏天,他总会在那里招待自己的得意门生,并让他们在风光旖旎的马焦雷湖(Lago Maggiore)边的酒店里展示才华。

1934 年至 1939 年间,贝内代托·米凯兰杰利在米兰获得了诸多欣赏名家演奏的机会，无论是在斯卡拉歌剧院（la Scala）内还是在四重奏乐团或是其他室内乐团体组织的音乐会上。我不知道他具体参加了哪些钢琴家的演奏会，但不管怎样，我认为有必要把1934年至1939年间去米兰举办过音乐会的那些最重要的演奏者一一罗列。他们是：威廉·巴克豪斯（1939年，连续举行了三场独奏音乐会）、爱德温·菲舍尔（1938年）、瓦尔特·吉泽金（1937年、1938年、1939年）、弗拉基米尔·霍洛维兹（1935年、1936年）、旺达·兰多芙斯卡（Wanda Landowska）（1937年演奏了巴赫的《哥德堡变奏曲》，1938年又带来了斯卡拉蒂的奏鸣曲）、谢尔盖·拉赫玛尼诺夫（1937年）、莫利茨·罗森塔尔（Moriz Rosenthal）（1935年）、阿图尔·鲁宾斯坦（1935年）、阿图尔·施纳贝尔（1936年）、鲁道夫·塞尔金（Rudolf Serkin）（1937年）、卡洛·奇泽（1935年）、雅沙·海菲兹（Jascha Heifetz）（1935年）、布罗尼斯拉夫·胡贝尔曼（Bronislaw Huberman）（1936年）、埃马努埃尔·费尔曼（Emanuel Feuermann）（1935年）以及格雷戈尔·皮亚季戈尔斯基（Gregor Piatigorsky）（1937年）。

在1936年和1937年，贝内代托·米凯兰杰利分别参加了在热那亚和佛罗伦萨举行的两场全国比赛并从中脱颖而出。1938年，他又成为在布鲁塞尔举行的第一届也是唯一一届“欧仁·伊萨依”（Eugène Ysaÿe）钢琴比赛的参赛者。

早在“一战”前出现的各类竞赛为年轻人的音乐会演奏生涯叩开了大门，但它们绝非通向这条道路的唯一或主要途径。在战后，“安东·鲁宾斯坦（Anton Rubinstein）”钢琴比赛退出了人们的视线。一场全新的国际比赛在1927于日内瓦拉开帷幕，当时的冠军头衔被阿劳收入囊中，但这项赛事到1939后也被取消。同样在1927年，另一项大赛——肖邦钢琴比赛诞生，替代了同为每五年举行一次的“安东·鲁宾斯坦”钢琴比赛。

共有来自7个国家的20名选手参加了在日内瓦举办的那场钢琴大赛，评委会则由5名专家组成。如同刚才提到的那样，23岁的克劳迪奥·

阿劳(Claudio Arrau)摘走了桂冠。在华沙举行的肖邦钢琴比赛则有来自8个国家的26名选手参加,12名评委。俄国人列夫·奥博林(Lev Oborin)拔得头筹[当时已经写下《交响曲》Op. 10的肖斯塔科维奇(Shostakovich)也在所有决赛选手中名列前茅]。1932年第二届肖邦钢琴比赛的参赛人数和评委人数分别达到84与16,而在1933年于维也纳举行的一项新创办的国际大赛中,则有115名选手参加,评委人数更是达到了惊人的81位!

三年后,即1936年,这项赛事又举办了第二届比赛,一百多名年轻人参与其中,另有55名评委。在华沙举行的第三届肖邦钢琴大赛也有81位选手报名。而1938年5月27日至6月11日期间举办的第三届维也纳钢琴大赛却只吸引了为数不多的竞争者,因为大部分人都将目光投向了于5月16日至31日在布鲁塞尔举办的一项新生赛事。这项大赛在1937年只对小提琴手开放,而到了1938年,凭借其为数可观的奖金和铺天盖地的广告,它向钢琴演奏者们吹响了集结的号角。

事实上,布鲁塞尔的这项比赛是由伊丽莎白女王发起并赞助的。女王热爱音乐且广交乐界朋友,凭借自己的威望,她共召集到29名专家担任评委会委员。我在这里将他们的名字一一列出,至于辨别他们国际知名度的简单工作,就留给读者吧:V. 巴切维切斯(V. Bacevicius)、A. 布里斯(A. Bliss)、布芬·德·肖萨尔(Buffin de Chosal)子爵中将、R. 卡萨德修(R. Casadesus)、M. 钱皮(M. Ciampi)、J. 杜瓦扬(J. Doyen)、S. 费恩伯格(S. Feinberg)、P. 法伦克尔(P. Frenkel)、E. 弗雷(E. Frey)、I. 弗里曼(I. Friedman)、W. 吉泽金、S. 格伦戴斯(S. Grundais)、B. 海茵兹(B. Heinze)、L. 祖根(L. Jongen)、R. 柯瓦斯基(R. Koczalski)、A. 兰巴(A. Lemba)、M. 马斯(M. Maes)、N. 奥尔洛夫(N. Orloff)、P. 佩特雷兹(P. Petrides)、J. 普罗克斯(J. Prouks)、A. 鲁宾斯坦、W. 隆美尔(W. Rummel)、V. 席勒(V. Schioler)、O. 沙马洛夫(O. Samaroff)、A. 斯托扬诺夫(A. Stojanov)、A. 凡·

艾尔佩昆·森(A. van Erpekum Sem)、E. 冯·绍尔、O. 文博格(O. Winbergh)、C. 奇泽。

共有84名候选人参加了初赛,其中19人晋级。按照规则,最后有12人进入了决赛。决赛曲目是一首独奏曲和两首协奏曲,其中的一首协奏曲专门为这场决赛而作,选手们必须在一个星期的时间里学习并熟练地弹奏。

大赛组委会特意聘请了当时最炙手可热的比利时作曲家让·阿布西尔(Jean Absil)创作这首协奏曲。阿布西尔出生于1893年,她在1937年创作的《钢琴协奏曲》Op. 30(三十年后她又写下了另两首钢琴协奏曲)正是12名决赛选手需要在专门为他们准备的琴房里研习和操练的曲子。在莫拉·林帕尼(Moura Lympany)的自传中,我们找到了带有那么一点自恋色彩的叙述,说的就是那段特殊时期:"早在第二天,我就已经对(阿布西尔的)协奏曲烂熟于心。我每天练习5个小时,比托拜厄斯叔叔(托拜厄斯·马太)建议的要多出1个小时。但那是一段非常时期,而且我也没像米凯兰杰利一样练习那么长的时间。他每天练上8小时,要知道这种超负荷练习是相当危险的。在轮到他正式演奏的前一天,他来到我们这里,异常痛苦。他的双手僵硬,任何一个手指都无法动弹。这在整幢楼房里引起了轩然大波,一名医生还被请来为他治疗。是超负荷练习的摧残导致了米凯兰杰利双手的伤情。医生告诫他,在接下来的25个小时里,他必须安静地休息。此时另一位选手答应了在第二天顶替他出场。这样,他在决赛前就能有多一天的时间进行恢复"。(莫拉·林帕尼:《她的自传》(*Her Autobiography*),彼得·欧文,伦敦,1991年)

在所有选手结束演奏之后,评委会为他们排定了名次:

Ⅰ. 埃米尔·吉列尔斯(Emil Gilels)(前苏联)

Ⅱ. 莫拉·林帕尼(英国)

Ⅲ. 雅可夫·弗利尔(Jakov Flier)(前苏联)

Ⅳ. 兰斯·多索尔(Lance Dossor)(英国)

Ⅴ. 妮维雅·马利诺-贝里尼(Nivea Marino-Bellini)(乌拉圭)

Ⅵ. 罗伯特·厉夫林(Robert Riefling)(挪威)

Ⅶ. 阿尔图罗·贝内代托·米凯兰杰利(意大利)

Ⅷ. 安德烈·杜莫蒂尔(André Dumortier)(比利时)

Ⅸ. 罗索·施密德(Rosl Schmid)(德国)

Ⅹ. 莫妮卡·德·拉·布吕绍勒里(Monique de la Bruchollerie)(法国)

Ⅺ. 马尔切拉·布斯-巴尔扎蒂(Marcella Booth-Barzetti)(意大利)

Ⅻ. 克里特·贾沃(Colette Gaveau)(法国)

他们之中,吉列尔斯、林帕尼和多索尔都已年满22岁,弗利尔26岁,而贝内代托·米凯兰杰利只有18岁,单凭这一点,他也足以被视为国际钢琴界的新希望。报纸上对他好评如潮,女王还邀请他到皇宫做客,公众甚至对他排名第七表示质疑。(根据朱莉安娜·贝内代托·米凯兰杰利打听到的“消息”,贝内代托·米凯兰杰利的“平均分”因为奇泽给出的零分而降低了不少)

日内瓦

在布鲁塞尔的钢琴比赛上,贝内代托·米凯兰杰利演奏了以下这张节目单中的作品:

一试:

巴赫:《意大利协奏曲》

斯卡拉蒂:《奏鸣曲》

巴赫—布索尼:《恰空舞曲》

二试:

贝多芬:《奏鸣曲》Op. 111

祖根:《练习曲》

决赛：

肖邦:《练习曲》Op. 10 no. 4, no. 5;《谐谑曲》Op. 31

李斯特:《第二波兰舞曲》

马尔图奇:《主题与变奏曲》Op. 58

德彪西:《水中倒影》

沙利丝(Scharrés):《幻想谐谑曲》

格里格:《协奏曲》Op. 16

相信这样的一张节目单足以称霸旷日持久、马拉松般的各种钢琴比赛,然而战争的出现暂时熄灭了人们对于各类竞赛及奖项的狂热。所幸,贝内代托·米凯兰杰利及时赢得了在战争爆发前所举行的最后一项国际大赛的冠军,并以此为自己今后的职业生涯铺平了道路。

在1927年投石问路之后,日内瓦这座城市又于1939年推出了另一项赛事——国际音乐演奏大赛。这项一年一度的赛事不只面向钢琴演奏者,但它有一落伍之处——将参赛选手按照性别进行分组。此外,由于参赛者人数不多,大赛也没能引起公众的强烈兴趣。当时的评委会只由7名成员组成,他们全部来自瑞士:J. 奥贝尔(J. Aubert)、J. 布兰卡尔德(J. Blancard)、A. 科托、J. - L. 德·夏斯坦(J. - L de Chastain)、W. 弗雷(W. Frey)、F. J. 赫特(F. J. Hirt)、A. 穆图(A. Mottu)。在女选手组别里,一等奖空缺,蕾妮·皮特(Renée Peter)和吉妮·德科斯塔(Janine Dacosta)被授予了二等奖。男选手方面,贝内代托·米凯兰杰利独占鳌头,英格柏·克莱姆(Engenbert Kreml)和约瑟夫·魏因加顿(Jószef Weingarten)紧随其后。

贝内代托·米凯兰杰利在这项大赛中提交的节目表甚至比布鲁塞尔的那张更具挑战性,其中最夺人眼球的莫过于他在毕业考试中曾经弹奏过的勃拉姆斯《帕格尼尼主题变奏曲》。贝内代托·米凯兰杰利凭借其低音技巧加冕比赛的桂冠。他的成功引起了热烈反响,从中我们并非一无所获,因为这至少使我们拥有了关于他当时弹奏情况的哪怕是极为片面的文件资料,也开始理解究竟是何缘故促使阿尔弗雷德·科托说出这样一句日后的名言:“新一代的李斯特就此诞生。”

这位新一代的“李斯特”在7月8日和埃内斯特·安塞美(Ernest Ansermet)指挥的瑞士罗曼德乐团共同演奏了老一代李斯特的《第一钢琴协奏曲》。除了最初的36小节,演奏被全程录音。即便录音无法帮助我们捕捉到他的“起始手势”或是进入八度双音及华彩段落时的悠然自得,但也足够我们理解贝内代托·米凯兰杰利的演奏风格和艺术思想。从第49小节开始,我们能够明显感受到,在贝内代托·米凯兰杰利心中,“如歌地”(cantabile)本质是纯声乐性的:他用灵活的节奏自由演绎装饰音,并在最高音上添加延长符号,如同女高音优雅地用柔和的颤音高声歌唱一般。

继续往下,在第63小节处,贝内代托·米凯兰杰利并没有按照“常规”版本进行演奏,也就是我们能在音乐剧中经常见到的那种“常规”:贝内代托·米凯兰杰利没有逐渐加快(poco a poco stringendo),而是以两倍快的速度进行断奏。我们自然能看出,他的这种演奏方式少不了指挥安塞美的参与。然而在一场音乐比赛中,指挥从来都只是配角。此处的精彩演奏,其功劳只会被归于年轻的独奏家。

在华彩段开始部分(第90小节)的局部反复中,我们看到了一种速度与自信,那是我们所知的他今后对李斯特这首协奏曲的演绎中再未出现过的。在我看来,虽然未被录音,但1939年那次演奏的开始部分同样不凡,而贝内代托·米凯兰杰利演奏八度音和快速和弦的精湛技艺,也是我们在这次演奏之后的任何唱片或录音中未再发现的。

我的看法在第四乐章的两个八度音乐段中得到了进一步印证。然而,青年贝内代托·米凯兰杰利所拥有的超强八度音技巧,同霍洛维兹相比,未必显得更高明,这一点尤其体现在第四乐章的第128和第129小节中。这两个小节节奏极快,但为了便于演奏八度双音,演奏者可将其速度略微放慢。顺便说一句，正是霍洛维兹把八度音的演奏技巧拔到了他人难以企及的高度。当然，鲁宾斯坦和年轻的吉列尔斯也拥有演奏八度音的精湛技艺。相比之下，贝内代托·米凯兰杰利和迪努·利帕蒂(Dinu Lipatti)在灵活度方面要相对逊色。或许正因如此，他们二人从未在公开场合演奏过柴科夫斯基的《第一协奏曲》——检验八度音弹奏水准的最佳标杆。尽管他们曾潜心研习过这首曲子，印刷好的节目单上也出现过它的名字，却每每在最后时刻将其排除在正式演奏曲目之外。如同最后一部分(从第143小节开始)所呈现的那样，贝内代托·米凯兰杰利的八度音技术似乎并不受手腕限制。虽然录音质量一般，但第一乐章的尾声部分(第108～120小节)还是让我们了解到了贝内代托·米凯兰杰利“天鹅绒般光滑的指法”。当然，在稍后的篇章里，我还会详细介绍这一点。

第二乐章的开始部分缺少了第9小节，我不知道是贝内代托·米凯兰杰利刻意跳过了这一段，还是其录音被遗漏了。当然在我看来，后者的可能性微乎其微。此处的旋律抑扬顿挫，极具声乐风格，重奏片断(第15小节)充满了期待与不安(似是气喘吁吁)，并伴随不断起伏变化的力度，效果接近回声。伴随着激烈的“渐快”(accelerando)以及被重点突出的伴奏节奏，乐章的高潮点(第28小节)也由此浮出水面。

这一分句的声乐特性显而易见，好比女高音在高潮点之前的加速：为了维持原有的张力，她绝不会吸气，而留在胸腔内的气息又足够她维持住最高音。紧随其后的华彩段则被弹奏得相当急促，同女高音的唱法如出一辙。这种风格的开创者会是歌剧季的指挥保罗·切莫利吗？我觉得有这种可能吧。但贝内代托·米凯兰杰利凭借其对力度的全面掌控，同样让人们看到了他对意大利音乐剧传统风格的模仿与沿袭。

在弹奏第二乐章宣叙调(从第36小节开始)时，贝内代托·米凯兰杰利采用了超强的力度，并以快速的颤音进入到极难的双音部分(第50小节)，从而结束整个乐章。他的演奏并非毫无瑕疵，某些音符显得拖泥带水。显然,贝内代托·米凯兰杰利是在冒险,只是他向人们充分表达了此举的初衷:就在他演奏这首乐曲的前几年,瓦尔特·吉泽金才刚录制过它。若要把两者之间的对比视为一场体育比赛,那么它将会以贝内代托·米凯兰杰利压倒性的优势而告终。

由于贝内代托·米凯兰杰利将第二乐章中第二插句与第三插句的过渡渲染到了极致,在弹奏到第50小节倒数第二个音符时将强度突然减弱的效果就显得尤为突出。如此,第二插句的气氛被骤然打破,而另一种全新的、对立的氛围则戏剧般地出现在我们面前,如梦似幻,仿佛是梅菲斯托费勒在浮士德面前制造出了玛格丽特诱人的幻象,或是其他类似的场景……值得一提的是,当音乐进入独奏者的颤音之时,安塞美的指挥根本无法融入贝内代托·米凯兰杰利所创造出的氛围。颤音!那足以让贝内代托·米凯兰杰利傲视群雄的颤音:虽密如骤雨,却在节奏上整齐划一,仿佛“经过测量”一般。这也是贝内代托·米凯兰杰利在今后职业生涯中一直延续的风格:他的颤音,即便再快,也总能让人找到确切的节奏。

我稍插上几句。在那些技术精湛且全面的钢琴家之中,总会有人在某一特定领域表现出异常突出的才华或是天赋,就像我们记忆中罗森塔尔的双音、霍夫曼的回音、吉泽金的轻巧、金斯伯格(Ginzburg)的跳跃以及霍洛维兹的八度音。而贝内代托·米凯兰杰利的“特长”恰是一连串的颤音(啊!贝多芬《钢琴协奏曲》Op. 73 第二乐章中的颤音以及拉威尔《G大调协奏曲》第一乐章华彩段中的颤音!“他的”拉威尔协奏曲中的“颤音令人难以置信,如同级进的滑音一般紧密相连。当然,这只是为了说明他技艺精湛的一个不恰当比喻。”——L. 平扎乌蒂曾这样写道)。然而,贝内代托·米凯兰杰利并不是一个“会用胸音唱出Do就能从容应付各种难题的男高音”,某些曲段他就从未尝试过:比如原本能够让他展现童话般颤音技巧的肖邦《夜曲》Op. 62 no. 1;又比如在莫扎特和海顿协奏曲作品的华彩段中,他也没有奏出能力之内的一系列颤音。

在李斯特《第一钢琴协奏曲》的第三乐章里，贝内代托·米凯兰杰利的快速演奏使得音色的清澄得到了完好保留（尤其在演奏难度极大的第137和第138小节里）。即使在弹奏那些既快又短的装饰音时，贝内代托·米凯兰杰利也坚持在不影响节奏重音的基础上变化力度。据说他非常厌恶一成不变的力度，也正因如此，他对于声音的控制体现出了他独到和惊人的技巧。

第四乐章是对前三乐章的总结，在演奏上不要求太多的创新，也无需表达的连贯性以及技巧和音质方面的精湛技艺。贝内代托·米凯兰杰利干净利落地勾勒出了这一乐章的整体线条，在B大调插句（自第30小节起）和e小调插句（自第73小节起）中奏出的钟声般音效更是卓尔不群。尤其是e小调插句，不仅旋律深深打动了听众，中音区的低音更是让人联想起大提琴的拨奏。

在延音踏板的使用上，贝内代托·米凯兰杰利显得非常节制。在遇到高难度段落时，那些二三流的钢琴演奏者往往会通过使用踏板来掩饰他们的尴尬，而真正优秀的演奏能手则可以完全依靠手指来解决问题。当然，如果在弹奏乐曲时完全不使用踏板，也会导致声音太过干涩。贝内代托·米凯兰杰利将踏板的使用率限制在最低，并且可能——鉴于录音的质量，我无法得到一个确切的分析结果——通过他手指上的技巧延长了乐谱中某些音符的时值。

科托说诞生了新一代的李斯特，而非新一代的帕德雷夫斯基或是新一代的布索尼。的确，在贝内代托·米凯兰杰利身上，我们既无法找到帕德雷夫斯基的浮华与神圣，也无法发现布索尼反对传统的品位，甚至都不见年迈的埃米尔·冯·绍尔（Emil von Sauer）的风格痕迹。作为李斯特的学生，绍尔曾先于贝内代托·米凯兰杰利前不久在温格特纳（Weingartner）的指挥下录制过这首协奏曲，弹奏的速度极慢。贝内代托·米凯兰杰利的演奏会让人认为是李斯特本人在弹奏这首作品，因为他以意大利音乐剧作为其表达方式的基础,而他为这首协奏曲所安排的氛围,是先于瓦格纳成熟时期的浪漫主义。当然,我们并不知道李斯特是如何弹奏这首曲子的,只能通过以往听众的描述来进行联想。科托本人也是通过想象得出这一结论的。尽管如此,贝内代托·米凯兰杰利在 1939 年的那次演奏中表现得相当完美,并且在我看来,他一直都生动地扮演着李斯特的角色,直到里赫特(Richter)这位 20 世纪李斯特的出现。

格里格:现实与非现实

贝内代托·米凯兰杰利在 1941 年录制了他最早的一批唱片,其中包括格拉纳多斯(Granados)的《西班牙舞曲》第五号《安达鲁西亚》(Andaluza)以及格里格的《忧伤》Op. 47 no. 5 和《摇篮曲》Op. 68 no. 5。此后不久,他录制了贝多芬《第五钢琴协奏曲》中的片段(第一乐章展开部的最后一部分和再现部)(1942 年 11 月 11 日,热那亚)、维瓦尔第—坦布里尼(Vivaldi-Tamburini)的《B 小调协奏曲》(1942 年 11 月 13 日,热那亚)以及格里格《A 小调协奏曲》中的片段(第一乐章再现部的结尾部分和华彩段的开始部分)(1941 年 6 月 7 日,热那亚)。

读者对维瓦尔第—坦布里尼的《B 小调协奏曲》一定知之甚少,那么有关这首曲子的简单介绍自然也就必不可少了。这首由亚历山德罗·坦布里尼(Alessandro Tamburini)改编、献给卡洛·奇泽的协奏曲在 1939 年由米兰的 Ricordi & C. 出版社出版。标题如此写道:《B 小调协奏曲——由 G. S. 巴赫的古钢琴版本改编为钢琴与乐队协奏的版本》。这里提到的巴赫版本是指他的《协奏曲》BWV 879。人们普遍认为这是维瓦尔第的作品,但事实并非如此(或许其真正作者是 G. 托雷利)。鉴于当时高涨的意大利民族主义激情,坦布里尼的改编将维瓦尔第—巴赫的原作与雷斯皮基为钢琴及乐队而作的《托卡塔》中的钢琴风格或里卡多·皮克-曼贾加利(Riccardo Pick-Mangiagalli)的改编风格融为了一体,并不由自主地添加了喜剧效果。这首维瓦尔第—坦布里尼的协奏曲，贝内代托·米凯兰杰利也曾于1942年1月4日在佛罗伦萨（或许还有很多其他的城市）演奏过。如同我们能在聆听时所感受到的那样，作为一首经过改编的乐曲，它的结尾显得相当突兀，简直是一部令人难以置信的庸俗作品。倒是贝内代托·米凯兰杰在华彩段中两手交替演奏颤音的方式让人震惊不已。

在贝内代托·米凯兰杰利进行的众多公开演奏中，我想分析下他于1942年在阿尔切奥·加列拉（Alceo Galliera）的指挥下同斯卡拉剧院乐团共同合作录制的格里格《A小调协奏曲》——结构层次相当丰富的作品。他在1941年录下的片段同这次演奏相比，有着许多不同之处。只是那次的片段实在太短，以至于我们根本无法通过比较做出评判。然而总的来说（我会在接下来的章节里详细解释），新录的唱片并没有完全反映出贝内代托·米凯兰杰利作为音乐会演奏家的真实一面。换而言之，那些他在公众面前演奏时的闪光点并没有在录音室，尤其是像在78转这样的唱片里发出光芒。

那么，贝内代托·米凯兰杰利为何要选择格里格的协奏曲进行录音呢？其中的缘由引人深思。这是一首在1940年依然炙手可热的曲子：它不仅是阿图尔·鲁宾斯坦、同样也是贝多芬的继承者威廉·巴克豪斯以及知名钢琴家中最具现代主义风格的瓦尔特·吉泽金的曲目总表中的一部分。这首作品自七十年前诞生以来就始终受到公众的追捧，使得一批批知名钢琴家不遗余力地投其所好。当时，知识分子已经开始营造一种风潮，排斥那些被视作经典的作品，年轻一代便将它们束之高阁：在他们看来，勃拉姆斯的《第二钢琴协奏曲》或是普罗科菲耶夫的《第三钢琴协奏曲》远比格里格（或是柴科夫斯基和李斯特）的作品更能展现自己的实力。假如贝内代托·米凯兰杰利是在圣切奇利亚音乐学院跟随卡塞拉这位意大利知识界的头面人物进行学习，那么他一定会对格里格的《A小调协奏曲》不屑一顾。然而，他却是在米兰这个充满传统主义色彩的地方度过了他童年时期的学习生涯，自然也就能够像演奏莫扎特的作品那样认真对待格里格的协奏曲，并在听众心中激起难以抑制的狂热之情。

在鲁宾斯坦、巴克豪斯、吉泽金那一代人眼中，格里格的《A小调协奏曲》还是流行文化的一部分。那是一种源自德国的浪漫主义文化，在德国北部和东部分别越过地理边境，与当地文化融为一体。与此同时，它也向南扩张进入到意大利，成就了朱塞佩·马尔图奇，即乔瓦尼·安佛西的老师。贝内代托·米凯兰杰利第一个极为重要的功劳，便是抵制了以他老师为代表的传统，按照拉威尔的方式演绎了格里格的《A小调协奏曲》。

从声响效果的角度来看，贝内代托·米凯兰杰利的这一选择无疑掀起了一场巨大的风暴：所有对传统风格的借鉴都变得间接含蓄，并被赋予了模仿主义的色彩。此外，他几乎完全放弃了手势，只是在弹奏华彩段中充满激情的两个延留音时加上了夸张的手势，精彩绝伦。不然，整场演奏会像被精确计算好了那样，毫无抑扬顿挫之感。另一项重大改变是在演奏时重拾情感，只有一处重要的例外，即尾声中间部分的"略微平静一些"(un poco più tranquillo)。

在《A小调协奏曲》的尾声处，上述片段的主题重回欢庆，但贝内代托·米凯兰杰利却在演奏时将它完全孤立在了所处的音乐语境之外，用一种显而易见的慢速进行演奏——远远慢于乐谱上标记的"略微平静一些"的速度。忧伤的音调由此产生，不仅充满痛苦，简直就是如泣如诉。即使在这一段落中，演奏的主要艺术风格仍然烙有明显的拉威尔印记：在拉威尔的演奏中，先蒸发后冷凝的"情感蒸馏"——人们立刻会想到《幽谷钟声》(Vallée des cloches)——能够出其不意地为一句富有歌唱性的乐句埋下伏笔，而流露其中的忧伤，其强烈程度绝不亚于拉赫玛尼诺夫的演奏。

当然，要想把格里格《A小调协奏曲》中"略微平静一些"的深情——如同贝内代托·米凯兰杰利所展现的那样——与雄壮的结尾，即"庄严的行板”(Andante maestoso)进行完美融合,却并非易事。如果在尾声部分,手势能够占据上风,甚至压倒对分句的掌握并且最终带来不羁的咆哮,那么所谓的融合也许还具有一定的可能性。但如此一来,也就意味着迫使格里格向马斯卡尼(Mascagni)或是焦尔达诺(Giordano)靠拢:贝内代托·米凯兰杰利虽小心翼翼地规避这样的风险,最后却使自己的演奏前后矛盾,或者说,在批判格里格肤浅的同时,他也没能避免以虚夸的方式表现作品尾声的辉煌。

总的来看,贝内代托·米凯兰杰利的演奏发扬了这首乐曲中的某些经典元素,不过还是对它的曲式做出了批判。他明白知识界抵制该曲的原因,却并不认为它应受唾弃。从这一点来说,贝内代托·米凯兰杰利与能够忍受曲式模糊的巴克豪斯与吉泽金截然不同,也与为曲式重复而感到兴奋的鲁宾斯坦大相径庭。我并非是要证明贝内代托·米凯兰杰利的处理方式合情合理,而他人的大错特错。我只是想说,在22岁的年纪,贝内代托·米凯兰杰利已经具备了独立地面对名作的能力,在演奏经典作品时,他已经能够作出自己的评论与判断。

以上这些只是针对作品的整体曲式。至于声响效果,就如我之前所说的那样,是一种模仿主义的体现。他显然没有“直接”采用独奏者英雄般的起奏方式,而是对之进行了“转述”。此外,虽然情感表达极为克制,但在第一主题的呈示部中依然显露无遗。还是让我们来看看格里格呈现第一主题的方式吧:

1) 核心a

2) 核心a变奏

3) 核心a上行三度

4) 如2),核心a变奏,上行三度

尽管格里格只是宽泛地标明了“中弱”(mezzopiano),但这样的结构无疑会加强主题的表现力:1)和3)的力度略微增强,2)和4)作为1)和

3)的回声来表现。如此一来,我们所感受到的就是四种不同的强度,而不是所谓的“渐强”(crescendo)。

只要听过此前由乐队演奏的呈示部,我们就会发现阿尔切奥·加列拉是怎样强调主题核心的民间风格,又如何尝试着为主题的第一部分赋以民间舞曲的速度。然而,贝内代托·米凯兰杰利反对民俗文化、反对小资产阶级的感伤主义:主题第一部分完全失去了原有的亲切温厚,取而代之的是神秘与原始。事实上,或许是出于直觉,贝内代托·米凯兰杰利在演奏这首《A 小调协奏曲》Op. 16 时,更为追求一种与《挪威农民舞曲》Op. 72 以及《赞美诗》Op. 74 相近的风格。

格里格通过第二个核心继续其主题构造,并在 3)的第一个音处达到高潮点:

1) 核心 b

2) 核心 b 上行四度

3) 核心 b,变为反向进行

4) 华彩段

整一部分都需反复,只有华彩段有一些细微的变化。由于格里格过分使用了“渐强”(crescendo)和重音记号,接近高潮时会产生太过刻意的感觉。此外,由于是对整个部分进行反复,华彩段的变化又丰富了乐器配置,高潮部分需弹奏两遍。贝内代托·米凯兰杰利在弹奏时却在 1)和 2)中逐渐加强力度,并在 3)中缓慢进入高潮(被动的高潮)。紧接着,在反复段落中,他采取了传统的行进方式,并由此达到整个主题真正的高潮(主动的高潮),只是其程度要比之前由加列拉指挥乐队演绎的版本稍弱一些。正如读者将会了解到的那样,贝内代托·米凯兰杰利的情感生动强烈,富有个性,在演奏中却极为克制,而他所采取的分段法仍如同诗歌般优美。显然,他并未完全按照格里格标示的那些力度记号进行演奏,但终究没有与之背道而驰。

从第一主题到第二主题的过渡，贝内代托·米凯兰杰利以缓慢的速度进行了演奏，甚至没有让人察觉出这是一首民间舞曲。但在第5小节处，我们的主人公却采取了特别处理：他稍稍引用了舞曲节奏，并在弹到下行三度的半音音阶时突然加速，从而打破了原有的宁静，仿佛伴随着丝绸飞舞的声音和香水飘过的痕迹进入了第二主题。

第二主题的结构与第一主题类似，但演绎的难度却更高，因为其速度更加缓慢，容易导致情感表达上的倦怠。贝内代托·米凯兰杰利并不排斥第二主题带来的感官诱惑，从而保留了这一乐段的艺术性。但与此同时，他在音调的控制上依旧我行我素。尽管格里格写明了“渐强”并标注渐强记号，但贝内代托·米凯兰杰利却小心谨慎地避免加重句子中最尖锐的音符。之后的两个高潮段落中，格里格的标注表明他想表达奔放的情感，但贝内代托·米凯兰杰利却冷淡地克制了原本洋溢的热情。通过生动有力的表达方式，他实现了自己的意图，甚至用八度音展现了旋律性，没让它听上去像是音的叠加，而是像拉威尔那样人为创造出了一种音色。

我说这么多，并非是要消磨读者们的耐心。我只是希望通过自己的解释让读者了解智慧的光芒以及指法的学问在年轻的贝内代托·米凯兰杰利面对一首特殊乐曲时所起到的举足轻重的作用。按部就班地弹奏这样一首曲子可谓轻而易举，但若想通过其他方式进行诠释，那就极具挑战性了。这位年轻人擒拿并驯服“怪物”的决心与行动在今天都让人心悦诚服。

摆设的美学

之前我已提到，格里格的《A小调协奏曲》实际上代表了一种复古风潮的流行。假如当时的贝内代托·米凯兰杰利是拜在一位知识界人士的门下，他就不会轻易做出这样的决定。无论如何，格里格的《A小调协奏曲》堪称一曲名作,把它纳入演奏曲目总表中自然也合乎情理。然而对于活跃在新古典主义时期的钢琴家来说,选择演奏格拉纳多斯的《安达鲁西亚》似乎就令人费解了。

在帕德雷夫斯基、罗森塔尔、拉赫玛尼诺夫、霍夫曼还有科托的曲目总表中,我们还能找到一些沙龙钢琴曲,但后来都遭到了冷落。他们的下一代钢琴家,除了个别例外,也都不考虑演奏这类乐曲。更年轻的钢琴演奏者则倾向于从中挑选作为加演曲目。贝内代托·米凯兰杰利却选择了一首中等难度、为业余演奏而作的作品,并进行了精心演奏——如同上釉工对陶艺作品百般呵护那般。

在《安达鲁西亚》这首作品中,青年贝内代托·米凯兰杰利的天赋在节奏处理方面尽显无疑。《安达鲁西亚》是舞曲和乐曲的结合:舞曲部分由吉他演绎,节奏较快,而乐曲部分则相当缠绵煽情。格拉纳多斯在整个第一部分中(接近小快板的小行板)都未标出节奏的变化,只是简单标注了“突慢”(ritenendo)和结尾处的“渐慢”(rallentando)与“渐弱并渐慢”(morendo)。之后,在作品的中间部分,我们看到两个“突慢”和一个“大幅突慢”(molto ritenendo)的标记(最后一部分是对第一部分的反复)。第一部分主要由吉他的伴奏和钢琴的高声部组成。没有任何一位演奏者能够在缺少伴奏的情况下严格按照原有的节奏进行弹奏,就连19世纪以演奏格拉纳多斯作品而闻名的阿莉西亚·德·拉罗恰(Alicia de Larrocha)也没有真正采用过两种截然不同的节奏。贝内代托·米凯兰杰利却做到了这一点:他加快了伴奏的速度,模仿吉他弹奏出有如低声细语般的沙瑟声,而乐曲部分则尽显平静而柔和的魅力。

以上所述是贝内代托·米凯兰杰利演绎这首乐曲时的总体特点,也是最打动人心之处。丰富与细腻的细节、跳跃的节奏以及频繁出现的回声效果,仅凭三言两语根本无法解释清楚。格拉纳多斯在1916年发表的他用自动钢琴录制的胶带让我们明白,贝内代托·米凯兰杰利所演绎的自由风格其实是借鉴了传统,因为他在弹奏时远没有拉罗恰这位格拉纳多斯的徒孙那样遵守乐谱上的标记,他更多遵循了新古典主义的美学准则。当然,我也不认为贝内代托·米凯兰杰利所借鉴的风格直接来自格拉纳多斯本人。尽管切莫利和安佛西很可能听过他的这段演奏录音,但格拉纳多斯和贝内代托·米凯兰杰利之间演奏风格的巨大差异足以让人立刻排除这种直接影响的可能性。在我看来,贝内代托·米凯兰杰利应该是于 1934 年 4 月 14 日在米兰四重奏乐团的音乐会上听到过安德烈斯·塞戈维亚(Andrés Segovia)——那晚的主角——的演奏。此外,我还想到了拉威尔的《丑角的晨歌》(Alborada del gracioso)。没错,贝内代托·米凯兰杰利的演奏中伴奏与乐曲的关系像极了这首《晨歌》。

上述内容涉及的是风格内涵。如果要从剧作手法进行分析,拉罗恰是将这首《安达鲁西亚》作为舞曲来演绎,而贝内代托·米凯兰杰利(以及格拉纳多斯)则把它视为小夜曲:格拉纳多斯演绎的是由情人低吟浅唱的小夜曲,贝内代托·米凯兰杰利诠释的则是在情人的耳中,或者更确切地说,在情人的脑海中经过联想的小夜曲。

有异曲同工之妙的是他演奏的另一首西班牙小曲:阿尔贝尼斯(Albéniz)的《海湾的浪声》(Rumores de la caleta)。这首于 1942 年录制的乐曲在风格上更具塞戈维亚的特点,但在形式上并无太多困难之处。至于米凯兰杰利在 1939 年演奏的格里格的两首小曲,也同样让人称道,我在此就不详述了。他对李斯特和格里格所作的钢琴协奏曲的独特演绎以及对玲珑曲目的精雕细琢,足够让我们得出这样一个结论:20 岁的贝内代托·米凯兰杰利已经化身为壁画大师和袖珍画家的完美结合。历史上这样技巧全面的演奏者为数不多,而像他这样年轻的更是寥寥无几。

让我还想多花些笔墨的是马来斯科蒂(Marescotti)的《幻想曲》(Fantasque),贝内代托·米凯兰杰利曾在 1941 年对这一日内瓦钢琴大赛的必选曲目进行了录制。这显然不是一首为业余爱好者而作的乐曲,但它相当简单,根本不费心神。马来斯科蒂借鉴了普朗克(Poulenc)优雅、轻巧且自由的风格,故意略过德彪西与拉威尔,将作品同忧郁的夏布里埃(Chabrier)相联系。弹奏该曲无需超凡的能力,一位兼具品位与技艺的演奏者,无论在技巧上还是内容表达上,都不会遇到太大的障碍。对于贝内代托·米凯兰杰利而言,自然更不在话下。不过,在该曲的中间段落,有一处中音区的旋律被平均地一分为二,形成一种类似短对话的形式,而整体的背景音乐又相当轻巧柔和,并始终位于中音区。对于一名钢琴家而言,能够在键盘的同一音区明确区分主要音响和次要音响就足以显示他的英勇无畏,而贝内代托·米凯兰杰利甚至可以同时制造出两种音响,与用两架钢琴表现的效果一模一样。他在弹奏阿连斯基(Arensky)著名的《钢琴组曲》(Valse della Suite) Op. 15 中的圆舞曲时就展现出了这种才能,而这一简短却神奇的片段也为我们在今天分析贝内代托·米凯兰杰利的演奏音色提供了有效途径。

主旋律的声音铿锵有力。由于与室内乐的旋律特点存在一定的相似性,这段曲调并未按照声乐—音乐剧的方式进行分段,但在声音的表现力上却毫不逊色。这样的声音能够为其自身注入丰富的内容,使人陶醉其中。它让人立刻想起科托,还有拉赫玛尼诺夫。事实上,贝内代托·米凯兰杰利在 1942 年录制的舒曼《A 小调钢琴协奏曲》中就清楚地告诉世人,科托对于我们的主人公而言,无疑代表了一种权威,一个榜样。当然,我们也不能把拉赫玛尼诺夫排除在外。贝内代托·米凯兰杰利也许曾在米兰听过他的演奏。著名指挥奥古斯丁·奥利齐奥(Agostino Orizio)也向我证实,贝内代托·米凯兰杰利是拉赫玛尼诺夫的狂热追随者,还将其视作那个世纪最为伟大的钢琴家。

与此同时,相隔天涯却又如耳边私语般的伴奏倒让我们立刻联想到了吉泽金,联想到他那脱胎于印象主义的“朦胧”音色。但就这一点来说,两者的不同之处也显而易见:吉泽金的音线轮廓略带瑕疵,在音色颗粒和节奏方面欠缺一定的准确性。相比之下，贝内代托·米凯兰杰利的演奏则显得清晰明朗。在他的演奏中我们感受到了“朦胧”，但即便音色“朦胧”，每个音听起来也都清楚明了。即使我们不能将之称为印象主义，那至少也是一种高度的写实主义。因此出现在我们脑海中的不会是莫奈(Monet)的，而是克里姆特(Klimt)的画作。总之，贝内代托·米凯兰杰利将两种截然不同的风格之精髓融为一体，既具备了科托和拉赫玛尼诺夫的音质，又蕴含了吉泽金的朦胧隐约：这是一种高度的模仿主义，也是我之前所说的那种高度的写实主义。

在我脑海中一闪而过的名字——克里姆特——促使我提出了这样的假设：贝内代托·米凯兰杰利的声音处理技术以及他对于每一个微小声响的细腻诠释应该会与勋伯格的《钢琴小品六首》(Sechs kleine Klavierstiicke) Op. 19 珠联璧合。贝内代托·米凯兰杰利在少年时代就曾经演奏过勋伯格的第十一号、十九号和二十五号作品，因为路易奇·罗尼奥尼(Luigi Rognoni)举办的一场有关表现主义的讲座需要有人来弹奏这些曲目作为其演讲内容的例子。这是罗尼奥尼本人告诉我的，他还说自己清楚地记得当时的贝内代托·米凯兰杰利以扣人心弦的方式演绎了勋伯格的第十九号作品。但这件事却留给了我一个不解之谜：为何在少年时代弹奏了勋伯格的作品之后，贝内代托·米凯兰杰利会将其排除在自己的曲目总表之外，却又在整个职业生涯期间为格里格的乐曲留下一席之地？

在继续以下话题之前，我还是想先和读者解释一番，为何身居布雷西亚的贝内代托·米凯兰杰利能够经常得到机会去聆听那些途经米兰的演奏家们的表演。在1934年，贝内代托·米凯兰杰利离奇地认识了加瓦多(Gavardo)的玛利亚·德·美第奇(Maria de Medici)夫人，也就是工业巨头康士坦蒂诺·兰达蒂(Costantino Lentati)的妻子。之所以用“离奇”来形容，是因为当时年仅14岁的贝内代托·米凯兰杰利眼见父母为弟弟买了一把崭新的小提琴，而自己却只能在一架陈旧的立式钢琴上进行弹奏，颇为不快。在一次上完安佛西的课后,他并没有立即回到布雷西亚的家中,而是去了圣皮奥公园。就是在那里,兰达蒂夫人注意到了这个独自一人坐在长凳上的忧郁男孩。她上前与他交谈,随后把他带到自己家中留宿了一晚,并通过电话告知了他的父母。他们之间的深刻友谊由此开始。自那以后,贝内代托·米凯兰杰利在兰达蒂的家中还拥有了一间专为他保留的卧室,兰达蒂夫妇甚至把一台他盼望已久的三角钢琴赠送给了他。

贝内代托·米凯兰杰利与兰达蒂夫人之间的这种情同母子的友好关系持续了二十多年。同兰达蒂夫人和她的一位朋友阿图罗·戈蒂(Arturo Garri)一起,贝内代托·米凯兰杰利创办了“流浪者学院”(Accademia degli Erranti),建立起一系列规章制度,还决定以貂皮斗篷作为校服。我们看到的是完完全全的邓南遮主义。我不知道这样的一场集体游戏花费了贝内代托·米凯兰杰利多少精力,但从表面看,它似是呼应了主人公力求实现的模仿主义风格。

镜子的美学

贝内代托·米凯兰杰利20至25岁期间的曲目总表涉猎广泛,但其中仅有一小部分在唱片或是磁带中被保存了下来。也因为如此,我们错失了许多在他之后的职业生涯里被闲置一旁的曲目的演奏,其中最为重要的作品有贝多芬的《奏鸣曲》(Op. 27 no. 2)、肖邦的《练习曲》(Op. 10 no. 1,4,5)和四首《前奏曲》(Op. 28)、李斯特的《第二号波兰舞曲》以及《第十二号匈牙利狂想曲》、巴拉基列夫(Balakirev)的《伊斯拉美》(Islamey)、马尔图奇的《塔兰泰拉舞曲》(Tarantella)和《主题变奏曲》(Tema con variazioni)、德彪西的《欢乐岛》(L'isle joyeuse)、拉赫玛尼诺夫的《G大调前奏曲》和《G小调前奏曲》、拉威尔的《水之嬉戏》、斯特拉文斯基《彼得鲁什卡》(Petruska)中的《俄国舞曲》(Danza russa)、克莱斯勒(Kreisler)的《维也纳随想曲》(Capriccio viennese),还有《安达鲁西亚》。那是一张相当传统的曲目总表,在不同长度的乐曲之间实现了完美平衡。当然,其中一些有如摆设的作品,就如我之前所说的那样,处于陈旧过时的边缘。只是同二十年前的霍洛维兹一样,贝内代托·米凯兰杰利演奏的观赏性之高足以堵住文化界保守派的悠悠之口。

我所说的摆设显然是指那些没有深刻音乐或文化内涵的小曲。我并不想混淆,也不想误导我的读者将其与平时提到的小曲混为一谈。在青年贝内代托·米凯兰杰利弹奏的这些“摆设”曲目中,我们可以找到斯卡拉蒂的四首《奏鸣曲》、肖邦的《玛祖卡舞曲》(Op. 33 no. 4, Op. 68 no. 2)以及《摇篮曲》。斯卡拉蒂的《奏鸣曲》告诉我们,贝内代托·米凯兰杰利对于手指上的精湛技巧根本不屑一顾,他所感兴趣的是有关音色的高超技艺。所以,《奏鸣曲》L 465 是一个音色的范本,一个尖锐和沉闷音色的范本。但无论音色如何,它始终都会如大理石般冷硬,因为在第二个擒纵装置上获得的同音反复,无法受到任何刻意的控制。在此处,人们根本无法“控制”触键,而是需要在手指的下落、抬起和滑动之间达到一种极为精细的平衡,好像中国的杂技演员那样。对此技巧并不精通之人不会理解,究竟什么才是“通过第二个擒纵装置实现同音反复”,即不完全松开键盘,以此获得一种如吉他一般的音效(它显然能与斯卡拉蒂奏鸣曲的西班牙音乐风格珠联璧合)。这些人也无法明白在双手交叉弹奏的过程中创造出三种音色有多重要——左手保留在原位或与右手交叉,弹出两个交替的音色。《奏鸣曲》L 449 中的交叉弹奏还只是中等难度,无需年轻的贝内代托·米凯兰杰利去锦上添花。相比之下,《奏鸣曲》L 465 里的交叉弹奏就要难得多。贝内代托·米凯兰杰利能够在 78 转的唱片里获得纯净的音色,仿佛铃铛和大鼓围绕着弦乐四重奏交替出现一般,绝对可以被称为奇迹。

如果有人愿意,自然可以将贝内代托·米凯兰杰利与卡洛·奇泽进行一番比较。在弹奏这同一首奏鸣曲时,卡洛·奇泽的表现自然也称得上精彩绝伦,但自始至终我们感受到的只是力度而非音色上的变化。如果要将卡洛·奇泽和贝内代托·米凯兰杰利的演奏特点进行融合,那么介于他们之间的就应该是弗拉基米尔·霍洛维兹。霍洛维兹经常在意大利进行演奏,在我看来,贝内代托·米凯兰杰利并非没有可能当场听过他的演奏,从而竭尽所能地去模仿他。但实际上,贝内代托·米凯兰杰利在弹奏斯卡拉蒂作品时展现出的音色较之霍洛维兹的要略显单调,而泛起的朦胧甜美之感又接近于吉泽金的风格(我推测在22岁的贝内代托·米凯兰杰利心里,那个时期众多演奏斯卡拉蒂作品的能手中,应该还能加上另一位年轻演奏家的名字:迪努·利帕蒂)。中速的《奏鸣曲》L 353和L 413,对于像贝内代托·米凯兰杰利这样的高手而言,应当不在话下。其他还值得一提的只有《奏鸣曲》L 413里的速度变化,但这归根结底是一种风格特征的体现,我在之后会详细解释。

在听过贝内代托·米凯兰杰利演奏的斯卡拉蒂作品之后,许多人会期望他所施展的音色魔法是他为巴洛克风格作品刻意挑选的,但如果这些人聆听了他在1943年录制的巴赫《意大利协奏曲》(Concerto italiano),就一定会大失所望。在斯卡拉蒂的乐曲里,贝内代托·米凯兰杰利意图在富于想象且灵活多变的曲段中突出连续的跳跃,但在巴赫的作品中,他却更关心错综复杂的各个线条如何变化发展。当然,在此前提下,贝内代托·米凯兰杰利并没有放弃展现丰富的音色,并以此来制造忽远忽近的效果,让人不禁联想起德彪西的《运动》(Mouvement)。这种空间运动,正是他用来实现对位法的途径,在他演奏斯卡拉蒂《奏鸣曲》L 449中的一些片段时也曾出现过。而在《意大利协奏曲》的第一和第三乐章里,这样的空间运动甚至被赋予了喜剧内涵,隐约泛起幽默的微光。只有到了海顿的《D大调协奏曲》中,这一诙谐才终于浮出水面。

在贝内代托·米凯兰杰利演奏的《意大利协奏曲》中,第二乐章尤为惊艳:断奏比平时更快,持续的“弹性速度”(rubato)也游刃有余。我记得曾在那些年里听过他演奏的拉威尔《G 大调协奏曲》,其第二乐章在节奏上与这首《意大利协奏曲》的第二乐章极为相似。当然,那时的他不断变化节奏,其剧烈程度要甚于此后的任何一次演奏。贝内代托·米凯兰杰利在《意大利协奏曲》第二乐章中运用的“弹性速度”,同样也出现在了肖邦的《摇篮曲》里。两部作品的共同特点是低音部的节奏相当平稳。总之,这是一个风格选择的问题,它无关某一个具体的历史时期,而是涉及一种特殊的节奏体系,一种“固定节奏”的体系。

促使贝内代托·米凯兰杰利在弹奏这两首乐曲时采用“弹性速度”的原因不尽相同:在巴赫的作品中是音程张力与表情重音转移之间的关系,在肖邦的乐曲里则是音型密度与音高变化之间的关系。不管怎样,他的这两次处理都极为细腻,所凸显出的对于节奏变化的掌控与我此前曾提到的音色技巧不相上下。无论是演奏斯卡拉蒂还是巴赫的作品,贝内代托·米凯兰杰利采用的都是广为认可的版本,按照常规,也未加上任何多余的乐句。但在这种情况下,《意大利协奏曲》中的最后几行就显得有些“不合常理”了,因为他在此处采取了汉斯·冯·比洛(Hans von Bülow)改编的版本。同样让人吃惊的还有他在斯卡拉蒂《奏鸣曲》L 449 末尾加上的一处和弦。另外,虽称不上意外,但也算稀奇的是被添入斯卡拉蒂作品中的慢速颤音(它们还在《意大利协奏曲》的第二乐章和《摇篮曲》里出现过),不禁让人回忆起陶西格(Tausig)。最让人感到意外的则要数肖邦《玛祖卡舞曲》Op. 30 no. 4 最后一小节的弹奏:在五度 do－sol 遥远的回声过后,琶音一跃而起,简直就像是一首罗马尼阿的慢步舞曲。

在我看来,这些细节无不流露出乔瓦尼·安佛西的风格。然而,能够追溯到意大利传统、追溯到霍洛维兹或是吉泽金风格的元素,却少之又少,且相当片面,我们根本无法对它们真正的影响进行分析。至于舒曼的《协奏曲》,就如我之前所言,向我们展示的是一个受到阿尔弗雷德·科托谆谆教诲的贝内代托·米凯兰杰利。但即便是这首乐曲,我们所能谈论的也仅仅是某种特定的创作模式,而非一种根深蒂固的风格。

他在战争年代里录制的那些音乐,让我们看到了这样一个贝内代托·米凯兰杰利:拥有自己的风格与品位,仿佛是朱庇特智慧的结晶,而这位朱庇特又在随后改名为贝内代托·米凯兰杰利,因为那样的审美、那样的风格、那样的技术绝非与生俱来,而是他将技巧雕琢到极致的成果,极致到能够以假乱真。

我以为,正是这一特点构成了贝内代托·米凯兰杰利的艺术根基,并始终如一。当然,我们同样需要了解这样一个一目了然的事实,那就是贝内代托·米凯兰杰利在诠释那些音乐会弹奏率最高的著名曲目时,从来都不是千篇一律的。在演奏格里格的《协奏曲》时,他甚至将这首充斥着小资本主义情调的作品演绎得有如史诗般壮阔。他能做到这一点,并非是像利帕蒂那样用一种新古典主义的眼光进行诠释,而是通过重新定义表达符号和探索一种高尚的、非世俗的言语表现来实现。

在我看来,应是拉威尔造就了他的这一创举,尤其是创作了《镜子》的拉威尔。至于格里格的《协奏曲》以及巴赫、斯卡拉蒂和肖邦的作品,它们全是镜子中的幻象,虚无缥缈。我不知道是否在自己的记忆中出现过这样一位20岁的青年才俊:他为艺术而生,自成一格。是兰波(Rimbaud)吗?还是里尔克(Rilke)?反正差不多。贝内代托·米凯兰杰利就是一个飞翔在意大利上空的神奇天使长,但归根结底,意大利并不适合他,他只会被这个沉重的国度压得喘不过气。

III

天使长的地面之旅

职业生涯初期

要说到贝内代托·米凯兰杰利职业生涯的开端，我们就不得不提到米兰。少年时期的他经常在这座城市的音乐小厅里进行演奏，因为老师安佛西每周都会安排学生们在一群听众面前进行演练，人数虽不多，但全是内行。1938 年 2 月 28 日，他在“音乐之友”大厅(Amici della Musica)举行了自己的第一场正式演出。同样是在米兰，他参与了 1939 年乔瓦尼·安佛西教学五十周年纪念的演出。还是在米兰，他于日内瓦取得的成功引起了当地钢琴界的巨大轰动，一些受过皇家女子学院教育的贵妇甚至自发为他举行沙龙集会。

历史的形成从来就不依存于“如果”和“也许”。但我不得不说，若按常理推测，在日内瓦的比赛之后，贝内代托·米凯兰杰利理应会参加科托在巴黎高等师范大学主讲的课程。众所周知，科托极其善于在各大比赛中挖掘新人——迪努·利帕蒂就是他在 1933 年维也纳国际大赛中发现的珍珠。科托总是让这些学生在自己于巴黎主讲的公开课上进行演奏。他并非渴望在这些后辈身上留下自己的印记，而是教他们博采众长，并为他们提供各种认识名流的机会，为其今后的职业生涯铺平道路。

要详述贝内代托·米凯兰杰利在意大利的发展历程，我们就不得不对历史进行一番回顾。日内瓦的钢琴大赛结束于1939年7月，同年9月爆发了第二次世界大战。贝内代托·米凯兰杰利刚好赶在11月10日于米兰人道主义协会的人民剧院（Teatro del Popolo）进行了演奏，也完成了在罗马和意大利其他一些城市的首演，还在博洛尼亚由凯撒·诺迪奥（Cesare Nordio）担任院长的音乐学院里担任起教师的工作，颇具影响力。此后，他理应去参军，但兰达蒂家族凭借自己与皮埃蒙特公主——比利时伊丽莎白女王的女儿——的交情，最终利用音乐会的名义使他躲过了这场麻烦。如此，他还能经常去日内瓦进行演出，并不时在苏黎世、巴塞罗那以及柏林露上一面。

1940年10月14日，贝内代托·米凯兰杰利首次在斯卡拉大剧院亮相。他在安东尼诺·沃托（Antonino Votto）的指挥下演奏了贝多芬的《皇帝》（Imperatore）和李斯特的《死之舞》（Totentanz）。1941年11月8日，他重新登上那片舞台，由阿尔切奥·托尼（Alceo Toni）指挥，弹奏了格里格的《A小调协奏曲》。那次发生了一件不同寻常的事。音乐会以舒曼的《第二交响曲》作为开场，随后，贝内代托·米凯兰杰利弹奏了格里格的《A小调协奏曲》。在他弹完第一乐章时，场内就已经爆发出雷鸣般的掌声，在曲终时更是达到高潮。他因此加演了两首曲目：肖邦的《谐谑曲》Op. 31和斯卡拉蒂的《奏鸣曲》L 449。在他的演奏过后，音乐会继续进行，上演了托奇（Tocchi）的《变奏曲》和雷斯皮基的《教堂的玻璃窗》（Vetrate di chiesa），最后在威尔第的《莱尼亚诺战役》（Battaglia di Legnano）中结束。亲历过这场音乐会的观众告诉我，在《莱尼亚诺战役》演奏完毕后，阿尔切奥·托尼几乎是面对空无一人的大厅鞠躬致谢，因为早在贝内代托·米凯兰杰利奏完两首加演曲目时，人们就已蜂拥涌向出口，争先恐后地索要他的签名了。

那次的成功轰动一时,以至于在1942年5月16日,他又受邀重回斯卡拉再次弹奏李斯特的《死之舞》,只是指挥换成了威利·费莱洛(Willy Ferrero)。1943年的2月12日,贝内代托·米凯兰杰利在小剧场举办了他在斯卡拉的第一场独奏音乐会,弹奏了巴赫的《意大利协奏曲》、托麦奥尼(Tomeoni)的《赋格和快板》、怀斯(Weiss)的《钢琴组曲》以及贝多芬的《奏鸣曲》(Op. 2 no. 3、Op. 111);同年4月2日,独奏会的地点改到了大剧场,演奏曲目则是巴赫—布索尼的《恰空舞曲》、斯卡拉蒂的三首奏鸣曲、舒曼的《维也纳狂欢节》(Carnevale di Vienna)、肖邦的两首《玛祖卡舞曲》、《幻想曲》Op. 49、《自然的行板与辉煌的波兰舞曲》Op. 22以及勃拉姆斯的《帕格尼尼主题变奏曲》Op. 35。如果没有战争的爆发,如果音乐生活一如往常,想必斯卡拉大剧院也不会如此殷勤地向他抛出橄榄枝。不管怎样,贝内代托·米凯兰杰利是唯一一位在斯卡拉的舞台上如此频繁出现的意大利音乐会演奏家,光凭这一点,就足见公众对他的喜爱程度了。

但有件奇怪的事实在令我费解:贝内代托·米凯兰杰利反复出现在斯卡拉和人民剧院,却从不在四重奏乐团剧院(Società del Quartetto)演奏,须知那里汇集了米兰最显赫的资产阶级人士。是这位年轻的天使长无法打动他们吗?事实是,在四重奏乐团剧院的年代史里,从未出现过贝内代托·米凯兰杰利这个名字,无论是在战争年代还是在其他任何时候。

贝内代托·米凯兰杰利职业生涯初期的重要时刻离不开他于1940年5月11日在佛罗伦萨五月音乐节(Maggio Musicale Fiorentino)的亮相以及他在罗马、威尼斯和其他各大城市中举行的首演。1941年,卡洛·奇泽宣布隐退,开始专注于乐队指挥工作。贝内代托·米凯兰杰利取而代之,成为意大利第一钢琴演奏家,超越了年长于他的竞争对手,比如女钢琴家普利蒂·圣托利奎多(Puliti Santoliquido),还有斯卡皮尼(Scarpini)、维杜索(Vidusso)和戈里尼。1943年,他与同龄人朱莉安娜·圭代蒂

(Giuliana Guiderri)成婚,并继续活跃在演奏舞台上,直至1944年5月25日代表斯卡拉剧院在科莫进行演出。之后为躲避追捕①,他先后隐匿于数位朋友家中。到了1945年6月26日,他才得以重新回到斯卡拉演奏,作为其复出的开始。

战争的硝烟终于散尽,贝内代托·米凯兰杰利也由此开始了他同米兰午后音乐室内乐团(I Pomeriggi Musicali)的长期合作。1946年,他进行了自己在伦敦的首场演出,又在第二年去了瑞士和布鲁塞尔。此外,他还和皮埃特罗·斯卡皮尼一起参与了都灵RAI乐团巡回演出的伦敦站表演。据说,当时乐团不仅将莫扎特的《协奏曲》K 466和贝多芬的《协奏曲》Op. 75交托于他,还让他演奏乔尔乔·费德里科·盖迪尼(Giorgio Federico Ghedini)的《协奏曲》——一首刚问世不久的作品。贝内代托·米凯兰杰利仅用了一个晚上的时间就学会了这首乐曲,并在第二天清晨弹给指挥马里奥·罗西(Mario Rossi)听。然而在弹完之后,他却表示自己并不喜欢这首作品,不会在正式演出中弹奏它。这是有关贝内代托·米凯兰杰利的众多轶事之一,极有可能出自人们的臆想。但无论如何,这样的故事即便毫无凭据,也还算恰如其分:如果说少年时期丰富广泛的曲目总表向我们展示了主人公学习新事物的惊人速度,那么成年后精简概括的曲目总表则是告诉大家,我们的主人公不会轻易妥协。

1948年11月21日,贝内代托·米凯兰杰利首次出现在美利坚的舞台上,同德米特里·米特罗普洛斯(Dimitri Mitropoulos)指挥的纽约爱乐乐团合作演绎舒曼的《协奏曲》。在美国的巡演之路相当漫长,结果却不尽如人意:1950年,贝内代托·米凯兰杰利在大西洋彼岸的这个国度举办过数场音乐会,但直到1966年他都未再以胜利者的姿态重回过美国。众

① 译者注:贝内代托·米凯兰杰利因加入反纳粹的地下反抗组织,遭到当局追捕。

所周知,美国这片土地对于一位钢琴家的名声意味着什么。在40年代末和50年代初的这段时间里,贝内代托·米凯兰杰利很少在欧洲其他国家进行演出,他去了布宜诺斯艾利斯和南非进行首演,大部分时间都在意大利弹奏,此外还录制了一些唱片。

几段重要的录音见证了他职业生涯里的这一时期,分别是1947年11月24日在斯卡拉大剧院弹奏的贝多芬《降E大调协奏曲》Op. 73(那场音乐会是都灵RAI乐团全球巡演的收官之作),1948年11月18日于纽约在米特罗普洛斯指挥下弹奏的舒曼《协奏曲》,1949年1月16日在洛杉矶同指挥阿尔弗雷德·沃伦斯坦(Alfred Wallenstein)合作的弗朗克《交响变奏曲》以及他录制在唱片中的巴赫—布索尼的《恰空舞曲》(伦敦,1948年10月27日),勃拉姆斯的《帕格尼尼主题变奏曲》(伦敦,1948年9月26日),还有同艾托罗·戈拉西斯(Ettore Gracis)指挥的米兰午后音乐室内乐团合作的莫扎特《协奏曲》K 450(米兰,1951年)。

要是有谁听过贝多芬《降E大调协奏曲》和舒曼《A小调协奏曲》的现场录音,就会想到40年代出现在大型晚会之上的那个贝内代托·米凯兰杰利。除了一些在此可被忽略的细节,我们也许会认为,在演奏方式上,现场录制的舒曼《A小调协奏曲》和他在1942年于录音棚里录制的版本似乎并无大异,然而简单的时间对比却向我们展示了存在于两者之间的天壤之别:

	录音室,1942年	纽约现场,1948年
深情的快板	15分08秒	13分45秒
间奏曲	5分02秒	5分12秒
活泼的快板	10分19秒	9分30秒

这样的差异或许和米特罗普洛斯的指挥不无关系,此外我们也猜测,在将声音录进光盘的过程中,较高的起音会使录音带的转速比正常时稍

快。尽管存有这些疑惑，那些在40年代听过贝内代托·米凯兰杰利演奏的人还是能在他于纽约进行的演出中感受到势不可挡的冲击力——就如我之前所说的那样，只有在盛大晚会上才会出现的震撼。

贝内代托·米凯兰杰利对于这首作品的演奏，有时会极为克制，从头至尾都谨小慎微，而有时又会在“冷淡”地独奏完一部分后突然爆发，或者也会在一开场就迸发出火热的激情。在纽约的那次演奏，对了，就是激情四射的，尤其在第一乐章和终曲的华彩段中难度最高的部分。贝内代托·米凯兰杰利深知危机四伏，在台下的听众中，钢琴家们藏龙卧虎。他做好了准备。事实上，他总是严阵以待，若非胸有成竹，他决不演奏（有关贝内代托·米凯兰杰利取消演奏的故事实在不少）。当然，并不是每一次充分的准备都能带来自信满满的演奏。在纽约，为了向美国人显示他的技艺足以同霍洛维兹相提并论，为了以“新一代李斯特”的形象出现，可以说他是铤而走险了。当然，因为演奏者拥有巨大的权利，在某些情况下，就算他们对舒曼作品的乐器配置做出明显改动，也会显得名正言顺。我们无法确定这是否是贝内代托·米凯兰杰利留下的对舒曼这首杰作的演奏中最好、最和谐的版本，但它实在不失为一份珍贵的材料，让我们得以深入了解他的演奏风格。

同样的张力也主导着他在1947年演奏的贝多芬《第五协奏曲》：起始部分炫技的华彩段、跃动的力量、闪耀的音色，第二乐章中令人瞠目结舌的一连串严格按照节拍的颤音，还有生机勃勃的终曲。然而，贝内代托·米凯兰杰利在洛杉矶演奏的《交响变奏曲》却告诉我们，他并非在所有的晚会上都热血沸腾、倾尽全力。尽管录音质量并不稳定，我们仍然能够察觉到，壮丽的开场并未按应有的方式发展至高潮，从而激起观众的热情。我记得自己还曾听过另一个风格截然不同的《交响变奏曲》版本，但遗憾的是，贝内代托·米凯兰杰利所弹奏的这一弗兰克的杰作，仅有洛杉矶的这段录音留存至今［事实上还有另一段录音的存在，那是他1975年5月

13 日在埃里希·莱因斯多夫(Erich Leinsdorf)的指挥下于苏黎世弹奏的。但因未得到继承人的许可,这段录音只能在录制的五十年后发行]。

两个谜团

在工作室里录下的唱片让我们看到了贝内代托·米凯兰杰利安静、沉思的一面,而其风格转变的种种迹象是我们在演奏会的现场录音中无法察觉的。虽然巴赫—布索尼的《恰空舞曲》被他弹奏了整整五十多年,但 1948 年的录音却是现存的最早的证据,证明了他对这部作品的独特思考方式。从中我们能立刻发现,贝内代托·米凯兰杰利并未受到布索尼的影响。被我们握在手心的是一卷用自动钢琴进行弹奏而录下的钢琴纸卷,显然,它无法向我们展现原始声音的真实音色,但至少也能为我们解释当时的演奏意图。贝内代托·米凯兰杰利不可能熟悉布索尼的演奏,因为后者是在 1924 年逝世的。他的老师安佛西对这一定有所了解,但或许并不认同。我不想对这些没有史料根据的假设做出过多推断,要知道,我甚至可以认为布索尼在 1915 年录制的那首曲子,已经无法精确地折射出他在 1893 年赋予这首改编曲的美学思想。我们需要了解的事实是,贝内代托·米凯兰杰利的演绎既不会让人将其与布索尼的版本相联系,也不会使人想到布索尼的得意门生伊根·佩特里(Egon Petri)的演绎。

贝内代托·米凯兰杰利的弹奏被普遍认为是完美的,事实确是如此。但他的演绎方式却总能引起争议,争论的焦点自然是:相较于费鲁奇奥·布索尼针对音乐会做出的改编,巴赫的原作究竟有多重要。但即便是从改编者的角度出发,我们仍心存疑惑。因为在我看来,贝内代托·米凯兰杰利似乎处于一个不朽的巴赫和一个自由的布索尼中间,一个在 20 世纪 30 年代的眼光中得到解读的巴赫,和一个人们用 19 世纪 90 年代的方法去理解的布索尼。

事实上,这是一首存在诸多争议的作品,而我相信,它之所以从贝内代托·米凯兰杰利曲目总表中消失,多少和这个原因有关:它的风格根本无法得到准确的定位。贝内代托·米凯兰杰利将解决问题的重心置于对两种不同音色的区分;一种洪亮饱满,使人联想起管乐队(或是管风琴);另一种朦胧平淡,让弦乐队(或是弱音器)浮现于脑海。当然,具体的解决方法千变万化,只是这一基本的风格特点始终留存,让人一目了然。将两种音色置于激烈的冲突下是一个不错的想法,但这样的表达方法会在一定程度上让作品失去古典舞曲的严肃庄重,滑向忧郁与柔情的边缘,从而营造出一种西班牙式的氛围(比如在琶音变奏中会出现的那样),好让贝内代托·米凯兰杰利如鱼得水。或许人们可以说,究其根本,《恰空舞曲》源于伊比利亚半岛,甚至可以说它是一首墨西哥舞曲。但在我看来,这种说法没能一针见血。

至于勃拉姆斯的《帕格尼尼主题变奏曲》,虽被贝内代托·米凯兰杰利驾驭得近乎完美(就一首如此艰深的作品而言实非寻常),也同样留给了我们诸多疑问。众所周知,勃拉姆斯的第三十五号作品由上、下两卷组成,每一卷都包含十四段变奏和一段终曲。与勃拉姆斯私交甚笃的克拉拉·舒曼(Clara Schumann)就曾对这些变奏表达过不同意见,认为它们的难度过高(她曾称之为“女巫的变奏曲”),提出将两卷作品浓缩为一卷。勃拉姆斯似是认可了选择性弹奏的解决办法,只是这种选择的余地相当有限。但到了20世纪,钢琴演奏者通常采取的办法都是弹完所有变奏,但跳过第一卷的终曲,直接进入第二卷的第一段变奏,不再重复主题。

在所有这些伟大的演奏家中,贝内代托·米凯兰杰利是唯一一位还对这首乐曲进行选择性弹奏的人,甚至对其中一些变奏的位置进行了调整。在工作室录制唱片时,他删去了第一卷中的第九变奏,直接由第十变奏进入第二卷中的前两个变奏,再跳过第三、第四段变奏,从第五变奏一直弹到第八变奏,接着再略去第九变奏,从第十变奏开始,直到第十三变奏,跳过第十四变奏和终曲,重新回到之前的第三、第四变奏以及第一卷中的第十三变奏,去除第十四变奏和终曲的第一部分,最后以终曲的第二部分作为结尾,并在最后加入两段和弦。

我希望上述文字没有迫使我的读者操起算盘,但我实在不会用其他方法进行解释了。或许人们可以假设,在 1948 年,贝内代托·米凯兰杰利是为了把这首作品挤进一张 78 转的唱片才删减了某些片段,但他在 1952 年 2 月 12 日于阿莱佐(Arezzo)进行的录制却向我们证明了这种假设的错误性:他在阿莱佐又重新拾起第一卷中的第九变奏,第二卷的第九变奏则仍然不在其列。他做出了同之前一样的段落调整,还弹奏了第一卷的第十四变奏,只是仍将终曲的第一部分排除在外。1955 年 3 月 3 日在华沙的那次演奏中,他保留了和阿莱佐的那次相同的乐曲结构,只是删去了第一卷中的第十四变奏,换而言之,因为这一细节,我们又回到了 1948 年的版本。到了 1973 年的卢加诺(Lugano),他同样采取了在华沙时的方案,只是在删除第九变奏的同时还略过了第二卷中的第十一变奏。1988 年在布雷根茨(Bregenz),我听到了最接近勃拉姆斯版本的演奏:缺少第二卷的第九变奏,并以第十四变奏和第一卷完整的终曲作为结尾。在我看来,以上所有版本都严重破坏了这部作品的曲式平衡。在 1948、1955 和 1973 年的演奏中,结尾更是显得残缺不全。

那么现在,我所看到的唯一能够合理解释这些删节行为的理由,便是逃避第一卷终曲第一部分和整个第二卷终曲的困难(第二卷中第九和第十四变奏的难度并不大)。我不认为贝内代托·米凯兰杰利在私下练习时无力奏出第一终曲中的重奏小节以及第二终曲里的跳跃部分。但显然,“勃拉姆斯的钢琴错乱”[引用阿尔弗雷德·布伦德尔(Alfred Brendel)的话来说]威胁到了他认为在公开演奏时必不可少的安全空间。面对难度极高的第一卷第八变奏,他在 1948、1952、1973 和 1988 年的演奏中,通过轻微的节奏变化,追回了几十毫秒的时间(节奏几乎从原先的六八拍变位了七八拍)。我还得承认,由第二卷第四变奏回到第一卷第十三变奏的精心策划实在是天衣无缝，尤以 1952 年那次演奏的结尾最为完美（第一卷第十四变奏加上终曲的第二部分），而 1952 年和 1955 年的公开演奏甚至比在工作室里进行的录音更具精湛技艺。当然，如果要对这首《帕格尼尼主题变奏曲》进行总结，我们不能否认，贝内代托·米凯兰杰利着实遇到了困难，也许只是心理层面上的障碍。那是他无法跨越的鸿沟，是他因害怕失去控制而不愿直面的难题。天使长没有变身成人，他没有逆风迎接斯维亚托斯拉夫·里赫特（Sviatoslav Richter）赴汤蹈火奏出的史诗灾难。但我相信，天使长在眼见自己被迫放弃之时，定是苦不堪言的。

狮身人面像

沿着这条分析线索，时光继续倒退，流转到 40 年代。用和勃拉姆斯《帕格尼尼主题变奏曲》相同的分析方法，让我们来一同回顾贝多芬的《C 大调奏鸣曲》Op. 2 no. 3。

有关这首奏鸣曲，迄今为止我们一共拥有贝内代托·米凯兰杰利的十次演奏记录，从 1941 年到 1987 年，跨度达四十六年。1941 年于录音棚进行的演奏，因为在某些方面受到人类极限和钢琴机械性能（也许这么说会有些荒谬）的制约，他的精湛技艺完全是以一种杂耍表演的方式呈现的。撇开有关美学标准的思考不谈，逐渐升高的音调几乎让人怀疑唱片的制作过程是否存有缺陷。当然，他演绎中的风格特征显而易见。

他对《C 大调奏鸣曲》Op. 2 no. 3 的这场演绎可谓精致超凡，而其根基却是一种天然的和谐之音，借鉴了将原作修改到面目全非的阿尔弗雷多·卡塞拉的那个版本。1952 年在阿莱佐的那次演奏，他虽然将卡塞拉做出的许多修改和增补置于一旁，其演绎仍与原作大相径庭。举个例子：在第二乐章中倒数第三小节第二个音符下出现的极为突兀的“突强”（sforzato），被卡塞拉转移到了第一个音符底下，使之更加自然。

在 1941 年的那次弹奏中，贝内代托·米凯兰杰利遵照了卡塞拉的版本，而在1952、1955和1962年，他没有采取“突强”的处理，无论是针对第一个还是第二个音符。“征服”这一“不合逻辑”的“突强”是以后的事了。正是这一细节，使我们在风格分析上无从入手。但若要从精湛技术的角度来说，无论是1941年的那次演奏还是与之不尽相同的1952年的版本，抑或他在1955、1962和1966年进行的弹奏，都让我们一目了然。到了1987年，又产生了新的变化，体现在诸多细节中：音色更为简洁，更富有金属感，节奏从容淡定，倒数第二小节中的“突强”也刚好在自己的位置上。

假如我们把施纳贝尔或是巴克豪斯的演奏拿来分析，就会找到一种贝多芬式的演绎，将这首《奏鸣曲》带回了贝多芬的青年时代。那时的贝多芬虽然对钢琴抱有浓厚的兴趣，还利用钢琴演奏为自己赢得赞誉，但在面对技巧问题时却毫无斗志。而如果我们把分析对象换作埃米尔·吉列尔斯的演奏——1952年的那次，而非三十年后更为人熟知的版本——我们却能找到与贝内代托·米凯兰杰利1941年的演奏中相同的竞争意识。在演奏这首《第三奏鸣曲》时，无论是生于1916年的吉列尔斯还是生于1920年的贝内代托·米凯兰杰利，都非常清楚他们需要利用什么：正如我们所见，在30年代，他们二人都已在各类国际大赛上披荆斩棘，走上了职业演奏生涯的光明大道。这些比赛就如同一场考试，要求考生即便不深入到所有细节，也需对《神曲》中的某个片段做出精彩论述。我们可以俏皮地认为，若把施纳贝尔和勃拉姆斯比作汽车拉力赛选手，那么吉列尔斯和贝内代托·米凯兰杰利就更像是大奖赛的车手。唯一的区别在于：吉列尔斯冲动急躁，好像努沃拉里(Nuvolari)，时常引起赛车故障，而贝内代托·米凯兰杰利却更接近于瓦尔齐(Varzi)，在到达终点时，车表的喷漆都不见一丝刮痕，轮胎也完好无缺。

如我之前所说，1941年的版本以体育比赛那样轻松娱乐却又扣人心弦的方式展现出它的炫技性。如此之才能在1952年和1955年的版本里要显得更为含蓄，效果不佳，但总体上仍以炫技作为导向。技巧使用有所收敛的是在 1962 年于录音棚里进行的那次弹奏,但收敛的程度微乎其微。贝内代托·米凯兰杰利虽一再克制,收尽锋芒,却依然没有放弃制造惊喜,即使感受到这种意外之喜的只是内行人,因为在那些门外汉的眼里,这场演奏一如往常。他们不知道需要积累多少知识,花费多少心血,才能达到这般举重若轻的境界。而 1987 年的版本则向我们展示,演奏者已经放弃了对于炫技性的追求,并开始趋向于施纳贝尔与巴克豪斯的古典观念。

关于贝内代托·米凯兰杰利的"晚期风格",我还是在以后的篇章里慢慢道来吧。

1962 年的演奏,我们不仅能听到,还能亲眼目睹,因为那次的录制是在意大利广播电视公司(RAI)于都灵的电视演播室进行的。这也给了我一个机会,让我谈谈此前从未触及的话题,那就是贝内代托·米凯兰杰利的演奏姿态。

在这首《C 大调奏鸣曲》里,业内人士迫不及待想要"观察"的是终曲里的两段内容。按照贝内代托·米凯兰杰利所采取的速度,这两个片段极有可能引起右手的无力和左前臂的疼痛。我所说的这两段分别是指第 8 至第 18 小节以及与之相似的第 29 至第 34 小节。如果只用耳朵,人们可能会认为如此流畅且快速的弹奏是通过某些特殊的指法或者某些"改动"才得以实现的。但录像告诉我们,贝内代托·米凯兰杰利采用的指法一目了然,也没改动过什么。唯一一处让人意想不到的变化是我们在第二乐章倒数第三小节中发现的,也就是在我此前曾长篇叙述过的那个"突强"之后:一段原先被贝多芬指派给右手弹奏的极为简短的内容,被贝内代托·米凯兰杰利分配给了左右两只手来共同完成。这一调整的目的并不在于简化一个高难度片段,因为这段内容根本没有难度可言,而是在于奏完颤音之后加强对声音的控制,因为在右手肘同腰部接触的情况下,用右手来弹奏 si^1 是相当困难的,而贝内代托·米凯兰杰利这样处理,不仅在美学上恰到好处，从姿态来看，也十分优雅。

这段录像，还有1962年的其他影音资料，都向我们明白无误地展现了贝内代托·米凯兰杰利——至少是在其步入不惑之年时的弹奏姿态。因为据我了解，在40岁以前，他的动作要更为剧烈，而在稍晚些时，动作幅度又降到了最低限度。

优雅，我说过。贝内代托·米凯兰杰利总是如此优雅。尺度，我也说过。贝内代托·米凯兰杰利总是那么善于把握分寸。他的姿态赏心悦目，但与此同时，并不矛盾的，也极为豪放。一方面，他力求展现钢琴的音色，而另一方面，他也需要用自己的形体魅力来吸引观众——他不是要向观众解释音乐。

其实，选择哪一种姿态坐在钢琴前，取决于诸多因素，其中也包括形体：贝内代托·米凯兰杰利是位美男子，英俊挺拔，形体与艺术在他身上实现了完美融合。他的手很大，能够不费吹灰之力地跨越十个琴键，甚至十一、十二个琴键对他来说也是小菜一碟。他的手掌宽大有力，手指也极为强韧。上半身、手臂、手掌与手指间的比例相当协调，手臂的重量能够轻易地，或者更确切地说，“自然”地被输送到指尖，从而再转移到琴键上。门德尔松曾说李斯特的音乐在指尖律动。这个比喻充满了技巧层面的含义，而贝内代托·米凯兰杰利毫无疑问也具备了这样的素质。

要以最小的肌肉活动把手臂力量转移到琴键，一个重要的先决条件是上体几乎保持静止，也就是让重心下落到支撑面上。若能符合，那么被奏出的就应当是约定俗成的“好声音”，也是被托拜厄斯·马太在20世纪初时形容为“如歌的”或是“令人喜悦”的声音。

贝内代托·米凯兰杰利就拥有如此好听、如此“令人喜悦”的声音。如同卡鲁索(Caruso)那样伟大歌手的嗓音，他所奏出的声音也能凭借一己之力与观众建立起共鸣。但就算是原本再为动听的声音，若不持续变化——哪怕是一点细微的变化——也会变得使人生厌。贝内代托·米凯兰杰不仅可以通过不同的速度将力量转移到琴键，从而改变力度，还经常能够在保持姿势不变的情况下丰富音色。

即使是那些中规中矩的钢琴演奏者，也会不自觉地出现上身前倾或是左脚后移并用力点地，抑或右肩前移的情况。倾斜——任何人，只需坐在一张桌子前，将身体倒向双手，就能够完成这样的动作——一旦超过某个角度，手指就可能脱离最适宜弹奏的键盘区，而后移的左脚能够有效扩大支撑面，并将重心转移，前倾的肩膀则可以增加手指承受的重量。无论是其中的哪一种情况，都能够起到改变音色的效果。

贝内代托·米凯兰杰利上身前倾的角度却没有超越这一临界点，他也很少将左脚后移或是前倾右肩。他不会低头紧盯钢琴键盘，也不会仰头望向高处。但当他和乐队共同演奏时，却总前倾得厉害，还会轻微扭动上身：这样做的目的是为了看到指挥，和技巧层面的改变全无关系。顺便说一句，他脸上总是一副无动于衷的表情，嘴里也从不会低声哼唱他所弹奏的乐曲。

从正面看，贝内代托·米凯兰杰利宛如一尊微微晃动的狮身人面像。在音乐厅从侧面看，他又像是一名驾驶喷气式飞机的飞行员。直到从近处看——比如在电视音乐会里——我们才能真正体会他演奏姿势的复杂性，也才能真正了解他是如何不动声色地实现风格迥异的音色变化（并且在我看来，这样的变化是录音根本无法体现的）。

为了改变音色，贝内代托·米凯兰杰利有时会将手指沿键盘快速滑动，无论是朝着琴盖的方向还是相反方向；有时会高抬手腕，使手指与之垂直；有时则是利用手指本身发出声音。但他最常使用的方法还是改变起始动作点与键盘之间的距离。他非常善于利用轻按琴键所引起的反弹力，再以高低不同的距离施加下压力，但最多不会超过10厘米。要想奏出丰富的音色，10厘米的距离似乎太短。但他通过自己所拥有的惊人的肌肉控制力，在手指下落时或者加速，或者减速。通常他会先触碰琴键，然后给以快速有力的一击;有时也会将手停留在半空,然后以手腕和手肘作为中心,高速俯冲直下。总而言之,他可以在与键盘保持接触的情况下转移力量,也能够通过手指的跃起和对起落速度的掌控来传输力量,两种技巧都驾轻就熟。

无论在技巧还是姿态方面,他都像极了80岁的鲁宾斯坦:鲁宾斯坦着实把对自己动作幅度的吝惜发挥到了极致,俨然一副主教或是老先知的模样。当然,我们要知道,在年逾八十的鲁宾斯坦和50岁时的他——那个姿态狂放的鲁宾斯坦——之间,存在着巨大差异。坦白说,我并不知道20岁时的贝内代托·米凯兰杰利会如何利用自己40岁时的姿态去弹奏巴拉基列夫的《伊斯拉美》。在三十而立和四十不惑之年,在其器乐演奏的精湛技艺达到成熟巅峰之时,他已然成了一名主教。但"主教"这个词语,似乎又与他的外表太不相符。所以我说他好像一尊狮身人面像,甚至可以说像一尊万能上帝的圣像。从这个意义上来说,科托错了:贝内代托·米凯兰杰利并非新一代的李斯特。他不是李斯特,而是塔尔贝格(Thalberg)的再世,因为与李斯特相反,塔尔贝格在弹奏时几乎保持静止,只有一些习惯性的姿势才会打破这种状态。无论是我在现场看到的,还是在历史留给我们的录像资料中找到的,都能证明贝内代托·米凯兰杰利是如此演奏的。

莫扎特与古典主义作品

在此前的章节里,我曾经提到,贝内代托·米凯兰杰利参加了1947年秋季都灵RAI乐团的巡回演出,并演奏了莫扎特的《协奏曲》K 466和贝多芬的《第五协奏曲》。这两首协奏曲我在收音机里都听到过,却完全忘记了贝内代托·米凯兰杰利弹奏莫扎特的这首《协奏曲》的方式。与贝多芬的《第五协奏曲》相反,这首曲目的演奏未被保存。我只记得,当时自己认为他的演绎同我所熟知的爱德温·菲舍尔的版本大相径庭。自1946

年起,贝内代托·米凯兰杰利开始弹奏那时我没能听到的莫扎特《协奏曲》K 488。另外在1951年时,他还录制了《协奏曲》K 450。

《协奏曲》K 450的演奏沿袭了菲舍尔对于莫扎特作品的演绎风格:声音优美明亮,给人以宁静、"古典"的感觉;情感表达完美无缺,很少出现儿女情长般的感伤(还有令人印象深刻的左手弹奏,但只有内行人能够在这样一首被莫扎特称为"让演奏者流汗"的作品里察觉到)。我想到一个词,或许用来形容莫扎特不够恰当,而如果用在贝多芬身上可能合适。我还是说出来吧:英雄般的莫扎特。

在50年代初,贝内代托·米凯兰杰利经常将莫扎特的作品收录到他的节目表中,并在曲目总表里添加了《协奏曲》K 415和K 503。在此后的四十年里,他再也没有演奏过莫扎特的其他协奏曲,也从没有——至少从没有在公众面前——演绎过他的《奏鸣曲》《变奏曲》或是《幻想曲》。

《协奏曲》K 466和K 488在50年代初曾盛行一时,K 450要稍逊一筹。K 503,尤其是K 415,则极少有人问津。贝内代托·米凯兰杰利在1951年12月15日于罗马举行的一场晚会上,同由卡洛·玛利亚·朱里尼(Carlo Maria Giulini)指挥的RAI乐团合作演奏了《协奏曲》K 415、K 466和K 488。那场晚会是一次挑战,叫人难以忘怀。幸运的是,现场录音被保存了下来。

将它称为一次挑战,是因为只有独奏者兼指挥会在当时将几首莫扎特的协奏曲和一首交响曲放在一起进行演奏(即便在今天亦是如此),一个钢琴独奏者很少会承担起整个晚会的重担,就算他真的这么做,也会选择一张曲目类型丰富的节目表,以此显示自己开阔的艺术视野和全面的才能。

将它称为一次挑战,也是因为从未出现知名指挥家屈身为一名独奏者充当配角的情形。总之,这是一项双重挑战。至于为什么说它难以忘怀,那是因为长久以来人们一直对此津津乐道,而且自1921年布索尼在圣切奇利亚皇家学院的演出过后，人们就再也没有在意大利目睹过如此震撼人心的场面了。

1951 年 12 月 15 日的晚会可谓一场文化盛宴，它见证了贝内代托·米凯兰杰利的蜕变：从二三十岁时光鲜夺目、涉猎广泛的曲目总表到对历史上一个特别且重要时期的深入研究——在这样一个时期里，作为钢琴家兼作曲家的莫扎特面对的不再是一群钢琴的业余爱好者，而是职业听众。

贝内代托·米凯兰杰利对莫扎特的兴趣始于 20 年代，而在“音乐剧之国”意大利，人们也已开始接触他的歌剧作品，尽管十分零星：1923 年（5 月和 11 月）在斯卡拉这座意大利最大的歌剧院里上演了《魔笛》，1928 年和 1938 年则上演了《费加罗的婚礼》，还有 1929 年和 1931 年的《唐璜》；在佛罗伦萨——一项国际音乐节的举办地——于 1934 年出现了《唐璜》，1935 年《后宫诱逃》，1937 年《费加罗的婚礼》，1940 年《魔笛》。如的里雅斯特（di Trieste）威尔第歌剧院这样的省级剧院则分别在 1934、1939 和 1940 年推出了《唐璜》《费加罗的婚礼》和《后宫诱逃》。这些演出对于已有多年相关作品演出经验的国外剧团来说，也许根本不值一提，但对一个在翁贝托国王和乔利蒂首相管理下的意大利而言，已经意义非凡了。

而在交响乐这一领域，因为缺少乐器和固定的交响乐团，情况也并不乐观。在全国唯一的交响乐机构——罗马的圣切奇利亚皇家学院，通过翻阅历史节目单，我们发现在布索尼的演奏之后，又出现过阿尔弗雷多·卡塞拉在 1922 年 2 月 19 日弹奏的 K 466，卡洛·奇泽在 1926 年 1 月 3 日和瓦尔特·吉泽金在 1930 年 4 月 13 日弹奏的 K 467，阿图尔·鲁宾斯坦在 1926 年 2 月 28 日和阿图尔·施纳贝尔在 1927 年 4 月 17 日弹奏的 K 488，迈克尔·左道拉（Michael Zadora）在 1930 年 1 月 12 日弹奏的K 491。在 1920 到 1933 年间，《交响曲》K 319 被弹奏过一次，K 543 六次，K 550 五次，《朱庇特交响曲》两次，《交响协奏曲》K 364 和《小提琴协奏曲》K

216 各一次,《小提琴协奏曲》K 219 三次。十四年时间,二十五场演奏:平均每年不到两场。

意大利广播收听局(EIAR)的都灵广播乐团在这一领域无疑扮演了举足轻重的角色,因为他们将自己的演奏曲目在全国范围内进行了推广。他们在 1935 和 1936 年演奏了《交响曲》K 338,在 1932、1933、1936 和 1939 年演奏了《交响曲》K 385,在 1932、1935 和 1938 年演奏了 K 543,在 1932 年演奏了 K 550(当时的指挥是理查德·施特劳斯),在 1935、1937[指挥为布鲁诺·瓦尔特(Bruno Walter)]和 1938 年演奏了 K 550,在 1933、1938 和 1939 年演奏了 K 551,在 1939 年演奏了《交响协奏曲》K 364,在 1936 年演奏了《协奏曲》K 466,在 1934 和 1936 年演奏了 K 467,在 1937 年两次演奏了 K 491,在 1938 年演奏了《小提琴协奏曲》K 216,并在 1938 年演奏了 K 219。

此后,意大利广播收听局更名为意大利广播电视公司(RAI),并在战后的演出曲目表中加重了莫扎特作品的分量。与此同时,新成立的米兰午后音乐室内乐团正逐渐将影响力扩散至整个米兰省,并开始频繁演绎莫扎特的乐曲。我想,正是同午后音乐室内乐团的合作将贝内代托·米凯兰杰利领向了莫扎特的世界和莫扎特给演奏者——尤其是无法借鉴传统的意大利演奏者——留下的挑战。还有菲舍尔。比起极少在意大利音乐舞台露面的施纳贝尔,以及虽受人们喜爱、却只在“印象派”作品中鹤立鸡群的吉泽金,菲舍尔实在功不可没,因为他激励着意大利演奏者通过莫扎特的作品展现自己的才华。贝内代托·米凯兰杰利在 1951 年 12 月 15 日的演出中向我们展示了三种不同的演绎方式,并且在我看来,这三种方式根本水火不容。《协奏曲》K 488 的演奏是“菲舍尔式”的,《协奏曲》K 466 则体现了音乐剧般的如歌性。这种如歌性是贝内代托·米凯兰杰利 20 岁时努力追求的,但把它运用在莫扎特的作品中,从风格上看似乎有些牵强。我个人认为,贝内代托·米凯兰杰利在这两首协奏曲中所表现的音质都不算理想,给人的感觉像是矿盐,然而恰恰是这样一种音质,在他对《协奏曲》K 415 的演奏中却变得神奇起来,使整首作品熠熠生辉且振奋人心。

莫扎特于 1783 年创作的《协奏曲》K 415 完全处于他已往创作的洛可可风格协奏曲的边缘。自 1767 年起,他陆续创作了《协奏曲—集成曲》K 37、K 38、K 40 和 K 41,直到 1777 年受“狂飙运动”(Sturm und Drang)的影响写下在当时被视为“后无来者”的《协奏曲》K 271,创作活动才中断了数年。在弹奏这首《协奏曲》时,贝内代托·米凯兰杰利将音质调整得恰到好处:音量不大,音色特别,将这首介于洛可可和古典主义风格之间的作品的特点发挥到了极致[并非所有人都记得贝内代托·米凯兰杰利在这首莫扎特《协奏曲》K 415 中所展现的音质,但在加卢皮(Galuppi)的《C 大调奏鸣曲》里出现过的同样音质却一定让每个人都记忆犹新]。当然,这样的音质并不能代表莫扎特,或者更确切地说,它适用于在 K 415 以前诞生的所有作品,但对于之后的创作却并非如此。

我正尝试展开更为细致深入的推理,但不能否认自己无法完全依赖那些技巧略显平庸的录音。不管怎样,我至少可以承认,综合上述几点,我们可以用“无与伦比”来形容 1951 年 12 月 15 日的那场晚会。它见证了一位演绎者内心痛苦的挣扎。贝内代托·米凯兰杰利在五六十年代以后的日子里又多次演奏了莫扎特的作品,愈发精致,但在我看来,因为许多问题没有得到根本解决,他的苦楚有增无减。

要说到 K 466,最大的问题莫过于这首曲子本身的特点。用 19 世纪的眼光来看,贝内代托·米凯兰杰利的演绎更趋于早期浪漫主义风格。事实上,撇开后来在 50 年代中后期得到解决的音质问题不谈,贝内代托·米凯兰杰利的钢琴琴音根本无法与乐队融为一体,它更像是一个孤独的主角,而非一个团队的首领。这一点在钢琴第一次进入演奏时尤为突出。贝内代托·米凯兰杰利的节奏显然要落后于乐队完成呈示部的节奏，不论是 1951 年和朱里尼、1959 年和罗西、1966 年和奥利齐奥，还是 1967 年同慕辛格（Münchiunger）的合作，都是如此。

这一富有想象力的钢琴慢速进入，与 19 世纪的风格特征一脉相承，而贝内代托·米凯兰杰利极有可能是在安佛西的影响下接触到了这一风格。此种做法曾在布鲁诺·瓦尔特作为指挥兼独奏者的演奏、他作为指挥与独奏者玛丽·海丝（Myra Hess）的合作以及指挥富特文格勒（Furtwängler）与独奏者伊冯娜·勒费比尔（Yvonne Lef èbure）完成的版本中出现过。在上述演奏中，指挥都放慢了呈示部尾声的节奏，即第 71 至第 76 小节之间的部分，“将一种更为缓慢的节奏交到独奏者手里”。以这样的方式，钢琴便能在进入时连贯地与乐队呈示部的尾声结合在一起，从而开始钢琴呈示部的演奏。

反之，如果没有在事先对钢琴这种不同于乐队的节奏埋下伏笔，就会暴露出曲式上的断层。之所以这么说，是因为在这部作品中，乐队的呈示部并没有像在《协奏曲》K 415 中那样结束，而是被钢琴打断，这在呈示部尾声的第 71 至第 76 小节和第一乐章结尾处第 384 至第 397 小节的对比中就可见一斑。

生于 19 世纪末的那些演奏者（我们不妨听听施纳贝尔、菲舍尔和吉泽金的演奏）解决这个问题的办法是取消乐队采用的“渐慢”节奏，使钢琴安静地进入。贝内代托·米凯兰杰利的指挥们正是采取了这种办法，而他自己却选择了那种更为古老的方法，结果就显得自相矛盾了。我突然想到，这样的自相矛盾在克拉拉·哈丝基尔（Clara Haskil）和欣德米特合作的演奏中同样出现过，因为当时指挥采用了“渐慢”节奏，独奏者却没有接上。

关于这首《协奏曲》K 466，我不想再就其他方面进行补充，但读者在以后自会发现，贝内代托·米凯兰杰利的演绎呈现出了许多矛盾。从纯演奏的角度来看，他在 1966 年和指挥奥古斯丁·奥利齐奥合作的版本尤为精彩，原因之一是贝内代托·米凯兰杰利采用了贝多芬的华彩段，而非此前采用的其他华彩段（这些华彩段的作者是谁，已不重要）。

在另外两首古典作品中，贝内代托·米凯兰杰利同样借鉴了当时正被逐渐废弃的传统。在海顿的《D 大调协奏曲》里，他并未按照原作进行弹奏，这一点与几乎和他同龄的吉列尔斯和利帕蒂恰好相反。他主要采用罗伯特·泰穆勒（Robert Teichmüller）（1863～1939）的补充版本，通过其中的反复与变调，体现出 19 世纪后期的美学思想。

在演奏克莱门蒂（Clementi）的《奏鸣曲》Op. 12 no. 1 时，贝内代托·米凯兰杰利不仅更改了乐器配置，还调整了终曲里各个变奏的顺序，同样具有鲜明的 19 世纪特征。我们没有必要再去强调那些不同声音的评论只是针对作品本身，而非那些精妙绝伦的弹奏（在评论他对海顿作品的演奏时，简直充满了辛辣的讽刺）。然而，我们却需要指出，今天的评论似乎在有意弥补这一错误。换而言之，那些创作于 50 年代、被认为不合时宜的乐曲（因为它们遵循了一种似乎已没落的美学思想）在半个世纪后的今天又重新变得珍贵起来。人们明白，演奏者在适度改造一部作品的同时，已经让它达到了美学意义上的完美。而于我看来，贝内代托·米凯兰杰利实现这一点，不是在莫扎特的《协奏曲》K 466 中，而是在海顿的《D 大调协奏曲》和克莱门蒂的《奏鸣曲》中。

现代主义作品

1951 年 5 月 11 日，贝内代托·米凯兰杰利出现在都灵的朱塞佩·威尔第音乐学院（Conservatorio G. Verdi），听众济济一堂，在家中收听的人更是不计其数，因为那场演出是 RAI 音乐季的一部分。他当时采用了一张“夸张”的节目表：

莫扎特：《协奏曲》K 503

佩拉加洛（Peragallo）：《第一协奏曲》

贝多芬:《协奏曲》Op. 73

音乐会的指挥是卡洛·玛利亚·朱里尼。我在收音机前聆听了那场音乐会,并在他弹完佩拉加洛的协奏曲后听到了现场此起彼伏的口哨声。当然,这和1948年2月13日在同一座音乐厅里由皮埃特罗·斯卡皮尼弹奏的勋伯格《协奏曲》Op. 42所受到的待遇相比,要客气了许多。但我相信,正是这首佩拉加洛的作品,让贝内代托·米凯兰杰利蒙受了他职业生涯里唯一的一次羞辱。

让公众发出嘘声的是乐曲本身,而非演奏。但对于这位给听众灌下十二音体系毒药的演奏者,各方评论也毫不留情。既然他如此了解自己的乐迷,为何要这般引发众怒? 5月12日,安德烈·德拉·科尔特(Andrea della Corte)在都灵的《新闻报》(La Stampa)上如此评论这场音乐会:"马里奥·佩拉加洛大师的《协奏曲》在光鲜亮丽与平庸空洞的段落间游走,收获了一些稀拉的掌声和一些反对的声音。(许多听众不禁问道:贝内代托·米凯兰杰利为何要执意演奏这首《协奏曲》? 他向来只演绎名家的乐曲,几乎不沾任何当代作品,无论是优于这首还是与之相当的。)"显然,他是在效仿普罗科菲耶夫、巴托克还有斯特拉文斯基,其中的关系不言自明。

贝内代托·米凯兰杰利所属的这一代演奏者,仍然会被要求在当代作品中展示实力。当代音乐的曲目总表以肖斯塔科维奇的《序曲与赋格》作为结点。在今天,是否弹奏或者弹奏过当代作品已不再是评论的要素。阿尔弗雷德·布伦德尔以普罗科菲耶夫的作品作为终点,拉度·鲁普(Radu Lupo)也只弹到巴托克的作品。这些事实不会影响我们对这两位伟大演奏者的评价。但1950年时的情形却并非如此,而贝内代托·米凯兰杰利也没有忘记对人们要求他做的事进行回应。

贝内代托·米凯兰杰利的当代音乐总表以拉威尔的作品开始,后者去世于我们主人公17岁那年。自孩提时代起,贝内代托·米凯兰杰利就经常弹奏《水之嬉戏》。到了40年代,他又将《G大调协奏曲》《夜之加斯帕》(Gaspard de la nuit)和《高贵而伤感的圆舞曲》(Valses nobles et sentimentales)添入了曲目总表。50年代时,他把《水之嬉戏》从中删去,此后再未触及这首乐曲,其他三首则照旧演奏。

在我看来——当然,也不只是我这么认为——贝内代托·米凯兰杰利在拉威尔的作品中完全进入了角色。当然,要处理《镜子》(Miroirs)这首充满创造力却也同样棘手的乐曲,他还稍欠火候。在之前提到马来斯科蒂的《幻想曲》时我就曾说过,年轻的贝内代托·米凯兰杰利能够将音色驾驭在有声与无声的边缘,并且不允许任何瑕疵的出现。在《水之嬉戏》里,这种天方夜谭般的能力本应被发挥到极致,但它在贝内代托·米凯兰杰利成熟时期的风格中却几乎未再出现,声音很少再达到"很弱"(pianissimo)以至几乎不被察觉的层次,而且从不会出现在音符密集的段落。在我看来,因为放弃了这样的音色技巧,对于从不赞同瑕疵美学的贝内代托·米凯兰杰利而言,自然也就不可能完成《夜蛾》(Noctuelles)和《海上孤舟》(Une barque sur l'Océan)这样的作品,巴托克的《夜乐》(Musiche della notte)也将成为问题 。

应该说,贝内代托·米凯兰杰利指下真正的拉威尔作品始自《夜之加斯帕》。他的演奏极为精彩。音色的起点达到了"很弱",而它与力度之间不断变化的关系也被演奏者清晰无误地展现了出来。我在之前的章节里已提到过高度的写实主义,在这里就不作赘述了。我只想提请大家注意,贝内代托·米凯兰杰利赋予了这首《夜之加斯帕》50年代的文艺思想,完整的十二音体系思想,就这一点来说,他超越了吉泽金。他把力度和触键方法变得更有条理,还使和弦中并不同步的声音显得井井有条。我们不能简单地说,古老的"敲钟式"弹奏方法在他身上得到了延续。贝内代托·米凯兰杰利更偏爱非垂直的声音,却又经常使用那些垂直的声音。不仅如此,他的节奏处理也极为细腻:他曾录制过肖邦的《摇篮曲》,从通过传统记谱方法记录下来的用电脑系统进行处理的编曲中，可以发现它的风格与50年代时斯托克豪森(Stockhausen)的如出一辙。[请读者参阅《声音深处》(*Il Grembo del Suono*)一书中弗拉维奥·蓬齐(Flavio Ponzi)的文章——《数字之眼》(L'occhio numerico)，我之后还会谈到这本书。]

这是否不再是肖邦—肖邦和拉威尔—拉威尔，而成了拉威尔—梅西安(Messiaen)和肖邦—梅西安呢？这应该会让评论界争论许久。但我可以说——我必须请求读者的原谅，因为可能有些扯远了——我个人的想法是，也许贝内代托·米凯兰杰利本人并没有意识到，他是站在梅西安的角度来解决《夜之加斯帕》中的问题的：他采用了梅西安在1950年弹奏《四首节奏练习曲》时对于声音语言的思考方式。从这一点来说，对新音乐并无兴趣的贝内代托·米凯兰杰利，倒像是先锋作曲家们的盟友。但另一方面，我又必须承认，他并没有随着新音乐的步伐继续前行。

通过对《夜之加斯帕》《高贵而伤感的圆舞曲》和《G大调协奏曲》的诠释，贝内代托·米凯兰杰利已和拉威尔融为了一体。然而拉威尔不仅只是一位能让人平静接受的作者，他甚至还被吉泽金视为表达共同情感的楷模。阿图尔·鲁宾斯坦在他的自传里说过，20年代时他曾被迫与将《高贵而伤感的圆舞曲》拒之千里的公众进行抗衡。在1950年，无论是被认为平淡无味的《库普兰之墓》(Tombeau de Couperin)还是被理想主义者出身的评论家视为杰作的《左手协奏曲》，都还存有极大争议。但那时，《G大调协奏曲》《高贵而伤感的圆舞曲》和《夜之加斯帕》已为人接受。

佩拉加洛《协奏曲》和拉赫玛尼诺夫《第四协奏曲》的境遇却不容乐观。佩拉加洛曾凭借牧歌《山丘》(La collina)[1947年，歌词选自埃德加·李·马斯特斯(Edgar Lee Masters)的文集《匙河集》(*Antologia di Spoon River*)]在音乐界异军突起，但此后却因独幕歌剧《乡间旅行》(La gita in campagna)[1954年，选自莫拉维亚(Moravia)的作品]在斯卡拉遭遇了如潮的嘘声。引起正统派人士公愤的不仅是音乐，还有出现在舞台布景中的小老鼠。如果说选择了佩拉加洛的作品意味着冒犯观众,那么贝内代托·米凯兰杰利至少也还有“激进”的、左派评论可以依靠(此前提到的安德烈·德拉·科尔特是一个保守主义者,彻头彻尾的克罗齐派评论家)。

然而选择拉赫玛尼诺夫的《第四协奏曲》,贝内代托·米凯兰杰利可就腹背受敌了。在当时,为人熟知的是他的《第二协奏曲》和《第三协奏曲》,《第一协奏曲》和《第四协奏曲》可谓默默无闻。如果说《第一协奏曲》还有获得青睐的可能,《第四协奏曲》则会让拉赫玛尼诺夫的崇拜者都感到困惑与不满。除此之外,在所有知名评论家的眼里,拉赫玛尼诺夫只是一个四流创作者,他的作品注定会从演奏者们的曲目总表中消失,任何弥补都将是徒劳。当时贝内代托·米凯兰杰利在弹奏这首乐曲时也广受批评,但当他在威尼斯当代音乐节上重新呈现这部作品时,却受到了极大的欢迎。另外,他在1957年3月于伦敦录制的演奏,无论从对作品的分析还是风格定位的角度,都堪称完美,因为在这次的演奏中,我们看到了这样一位拉赫玛尼诺夫:他对普罗科菲耶夫平淡的钢琴创作理念并非无动于衷,他想竭力摆脱那些将他牢牢束缚住的陈词滥调。贝内代托·米凯兰杰利是第一位重新将这首作品带入人们视线的演奏者,而这首作品也从未被其他任何知名钢琴家放入过曲目总表,甚至在其作者去世十年之后就已被人遗忘。从这一点来说,贝内代托·米凯兰杰利功不可没。

可惜的是,这首《第四协奏曲》他演奏得并不频繁,也没有为它在自己的曲目总表里长久地保留一席之地。不管怎样,他录下的唱片见证了他职业生涯中一个尤为重要的时刻,并在拉赫玛尼诺夫作品的演奏史上留下了辉煌的一笔。

在刚才说到的威尼斯音乐节上,除了《第四协奏曲》,贝内代托·米凯兰杰利还呈现了弗朗哥·马尔戈拉(Franco Margola)的《儿童音乐会》(Kinderkonzert)。弗朗哥·马尔戈拉是位巴西作曲家,贝内代托·米凯兰杰利曾在1944年2月12日的佛罗伦萨和战后的米兰演奏过他的《升C

小调协奏曲》。如同《儿童音乐会》,《升C小调协奏曲》也没有在贝内代托·米凯兰杰利的曲目总表中得以幸存。但和佩拉加洛相反,马尔戈拉压根不是一位先锋音乐家,完全不是。同样未能幸免于难的还有弗兰克·马丁(Frank Martin)为钢琴与乐队而作的《叙事曲》。这位作曲家曾经凭借清唱剧《药酒》(Le vin herbé,1942年)在国际音乐舞台上红极一时。他的《叙事曲》贝内代托·米凯兰杰利只弹奏过几次。而更少触碰的是米凯兰杰利在布鲁塞尔钢琴大赛用一周时间学会的让·阿布西尔的《第一协奏曲》——我只找到1939年和1940年这两次弹奏纪录。

至于那些只为钢琴而作的音乐,除了拉威尔的作品,贝内代托·米凯兰杰利只对——在30年代和战争时期里被广为弹奏的意大利作曲家的作品,我就不在此列举了,因为在当时,意大利文化部规定必须将国内的"当代"作品纳入演奏范围——费德里科·蒙波(Federico Mompou)的乐曲另眼相待。他经常弹奏蒙波的《第一号歌与舞曲》,还进行了录制。他也弹奏过《第六号歌与舞曲》中的《歌》(Canción)和小组曲《贫民窟》(Suburbis)。事实上,我们现在讨论的是两位当代作曲家,再加上……一个替身,因为塞戈维亚曲目总表中怀斯的《组曲》,也就是贝内代托·米凯兰杰利曾经弹奏过其改编版本的那部作品,实际上出自墨西哥作曲家曼努埃尔·庞塞(Manuel Ponce,1882~1948)之手,也就是《小星星》的作者。至于勋伯格,我已说过很多。

总而言之,我们不能说贝内代托·米凯兰杰利从未直面过当代音乐,也无法断言他曾怀抱热忱全心投入。在他的曲目总表中,缺少了斯克里亚宾、巴托克和普罗科菲耶夫的作品,只有斯特拉文斯基《彼得鲁什卡》中的《俄国舞曲》有过短暂的停留。他曾学习过肖斯塔科维奇的三首《序曲与赋格》,还弹给一个朋友听过(请参阅《声音深处》一书中安杰洛·克拉利的陈述),但从未进行公开演奏。自70年代起,贝内代托·米凯兰杰利只在曲目总表中保留了他曾研习过的拉威尔作品,而把更多的精力投入到了德彪西的乐曲中。

浪漫主义作品

贝内代托·米凯兰杰利的舒曼作品表,看上去更像是其拉威尔作品表的缀饰:只有两首钢琴独奏乐曲(《狂欢节》与《维也纳狂欢节》)和一首《A 小调协奏曲》Op. 54。关于 40 年代里的那些演奏,我在之前已经提过。而五六十年代的版本则向我们显示,主人公已经疏离了此前那种能让人联想起科托的风格。他不仅放弃了炫技,也不再呈现天鹅绒般的音色和忧郁的分段法。我认为,50 年代的贝内代托·米凯兰杰利借鉴了迪努·利帕蒂的演奏,当然,只是从演奏总体风格的角度上,而非细节上。他在 1962 年和加瓦泽尼(Gavazzeni)以及 1967 年和切利比达克(Celibidache)的合作无疑能被视作典范:结构平衡,音质极具表现力,从器乐角度看亦完美无瑕。同样被视为楷模的还有他在 50 年代弹奏的《狂欢节》和《维也纳狂欢节》。“典范”一词还不足以形容其演奏的精彩程度,尤其是像《狂欢节》这样从各个角度都能使人热血沸腾的演奏。这次的演绎遵循了阿图尔·鲁宾斯坦的艺术思想:积极、年轻、活力四射。贝内代托·米凯兰杰利以之为榜样,通过丰富的细节和精妙的分段法对这首《狂欢节》进行了探索。

在了解了贝内代托·米凯兰杰利的智慧之后,我们自然期待着在他身上看到另一个舒曼,即写下《交响练习曲》《童年情景》和《克莱斯勒偶记》的那个舒曼。然而贝内代托·米凯兰杰利只在他的舒曼作品总表中添加了《少年曲集》Op. 68 中的三首乐曲,使之同他在稍晚时期(1975 年)演奏的《狂欢节》一起进入了一张黑胶唱片。

在迈入不惑之年后,贝内代托·米凯兰杰利非但没有对曲目总表进行大幅扩张,反而将部分作品排除在外。即使我们能够弄清其中原委,也不适合在此处进行分析。在 40 岁前,贝内代托·米凯兰杰利至少已经弹奏过23首协奏曲或是其他钢琴与乐队合奏的乐曲，但在此后的三十五年时间里，他却只在曲目总表中添加过两首协奏曲（贝多芬的《第一协奏曲》和《第三协奏曲》），还将原先的协奏曲从23首减少到15首，再到12首，最后只剩下7首。使我们感到惊奇的并不是他在职业生涯后半段弹奏的协奏曲的数量——霍洛维兹在其一生中弹奏的协奏曲还不到这个数字的一半呢——也不是因为在50年代时人们发现他失去了对于知识的好奇心和对于文化活动的热衷。就我们所知，在60年代，我们的主人公学习了柴科夫斯基的《协奏曲》Op. 23以及德沃夏克的《协奏曲》，但没有进行公开演奏。此外，他也没有利用莫扎特逝世两百周年纪念的机会来扩充自己的莫扎特作品总表。其实，一位演奏者在自己的成熟时期专心于和他青年时期相比更少的作曲家的作品，并以更为缓慢的速度来扩展自己的曲目总表，是再正常不过的现象。只是这一现象以如此反常的程度发生在贝内代托·米凯兰杰利身上，只能让我们惊叹他曾经的活跃。

自1980年1月他过完60岁生日，直至1993年5月7日举办最后一场音乐会，贝内代托·米凯兰杰利始终将自己的曲目总表限制在13位作曲家和41首作品之内，而其中只有德彪西12首《前奏曲》（第二卷）中的10首是新加入的。在他40年代的曲目总表里，一共出现过35位作曲家和70首作品。50年代时，作曲家的名字减少到了22个。作品数量的下降通常都是年迈钢琴家的特征，但在贝内代托·米凯兰杰利身上出现这样的情形（何况他去世时并未达到所谓的高龄），就非比寻常了。也许我可以从心理学的角度找到一个解释，但它很有可能是我胡乱猜测的结果，因为现有的资料，无论是信件、访谈记录还是他学生和朋友的证言，都不足以让我对贝内代托·米凯兰杰利这样的人物进行解读，哪怕只是尝试。我唯一能够确定的是在作为演绎者的贝内代托·米凯兰杰利身上，突然发生了一种有关文化职责道义的方向性转变。

在35岁过后，贝内代托·米凯兰杰利对他决定保留在曲目总表中的作品重新进行了研究。在说到舒曼的《A 小调协奏曲》时，我已谈过这个话题。相同的内容也适用于李斯特的《第一协奏曲》。事实上，在我看来，贝内代托·米凯兰杰利在五六十年代里对于这首曲子的弹奏，已经失去了 1939 年那次演奏所具有的魅力：由旧式风格与知识分子的严谨融合而生的魅力。

1953 年在米特罗普洛斯指挥下的那次演奏，还未完全摆脱旧习（在第四乐章的第 70 至第 72 小节中我们看到了另一种演奏方案，这是在 1939 年和在 60 年代进行的两次演奏中都未出现过的）。在 1961 年同库贝利克（Kubelik）合作的那次演奏中，第二乐章第 29 小节中高潮点后的急转直下不见了踪影，而在第二到第三乐章的过渡中，我们也没有看到在 1939 年的演奏中那样强烈的力度对比，第三乐章显得更为平静，整个第四乐章则更加舒缓，"极为缓慢"和"如钟声一般"（carillon）出现得更少。但从总体来看，这场演奏同 1939 年的版本并无二致，除了一处细节：第一乐章第 49 小节中那个典型装饰音，虽然在 1961 年的演奏中被赋予了同样自由的节奏，但同 1939 年的演奏相比，要显得干涩许多，魅力尽失。只是有一点我记得非常清楚：贝内代托·米凯兰杰利在那场于都灵 RAI 电视演播室举行的演奏会上表现得异常焦躁，因为在当天上午举行的正式彩排上，他姗姗来迟，和指挥产生了矛盾，这部作品的呈现似乎也就受到了牵连。

在 1965 年的演奏中，那个典型的装饰音又再度完美回归了，魅力四射。事实上，这一微小的细节足以告诫我们，在评论那些未经贝内代托·米凯兰杰利许可就出版的录音时，必须谨慎。这也正是我提及它的原因。如果没听过他在 1965 年弹奏的这首李斯特的《第一协奏曲》，我们定会不问情由地去评判 1961 年的那场演奏，而事实上，那场演奏充满了太多偶然因素。我知道要始终牢记"谨慎"二字并非易事，但这是我们需要注意之处。当然，我并不想在此开始一段新的章节来讲述贝内代托·米凯兰杰利同盗版进行的斗争。他选择战斗，除了艺术上的原因，还牵涉到一些心理因素。显然,道理并非总站在他那一边,然而有时,他的确不容侵犯。

肖 邦

鲜有舒曼的作品,鲜有李斯特的作品,也鲜有勃拉姆斯的作品。能够使贝内代托·米凯兰杰利在战后自发研究的浪漫主义作曲家只有肖邦。而在肖邦的作品中,我们同样目睹了他对40年代演奏方式所采取的“清理”行动:1962年的《玛祖卡舞曲》Op. 33 no. 4与1942年的演奏截然不同;1962年弹奏的《摇篮曲》Op. 57与1942年的版本相比,明显减少了“弹性速度”的幅度(关于这一点,读者可以参见我曾提到的蓬奇的评论。在评论中,作者对这两个不同的版本进行了对比)。就连《谐谑曲》Op. 31,1962年与1941年的演奏版本之间也存在着巨大差异。一旦话题涉及对比,就会变得微妙起来,因为我们几乎可以肯定,在1941年时,贝内代托·米凯兰杰利是因为78转唱片的长度问题才对乐曲中心部分的一个乐段进行了删减。然而我不认为,演奏中极慢的“绵延”(sostenuto)是他采取的权宜之计,用以平衡受到删节影响的整体结构。我之所以持有这种观点,不仅因为演奏具有其内在的特点,也因为我记得自己曾经和阿尔贝托·莫扎蒂(Alberto Mozzati)——他听过贝内代托·米凯兰杰利在30年代末弹奏的这首《谐谑曲》——探讨过这个问题。因此,这张唱片向我们展示的是一次即使没有删节,也会全然不同的演奏。

众所周知,《谐谑曲》Op. 31的结构基础是三声中部,但添加的插段改变了它的长度,并丰富了内容。具体结构为:第一部分,加入装饰的第一部分反复,三声中部,略有不同的三声中部反复,三声中部的展开与结束,第一部分的反复,尾声。不同于传统的谐谑曲,在这部作品中,不论是第一部分还是三声中部,都不是单一主题:第一部分由第一主题、过渡、第二主题及结尾构成,三声中部则分为第一、第二和第三主题。这一复杂的结构把诸多棘手的问题留给了演奏者,尤以一个难题最为突出:肖邦在起始阶段标示了“急板”(Presto),之后除了在三声中部里的“绵延”(sostenuto),没有任何标示指明速度的变化。但即使是“绵延”,也不能被算作正式的节奏标示,何况它的首字母还是小写。然而,一段没有节奏变化的演奏将会埋没其中的任何一个主题。正因如此,所有的演奏者——历史上曾有不计其数的钢琴家录制过这部作品,生于1851年的亚力山大·米夏罗夫斯基(Alexander Michalowski)就已经拉开了这场序幕——都采用了不同的速度,以显示两者间的对比。

现在,让我们看看贝内代托·米凯兰杰利在1941年进行的录制。节拍器所显示的数字或许能告诉我们些什么:

第一部分

第一主题: 84 -88

过渡: 104

第二主题: 72

结尾: 104

三声中部

第一主题: 40

第二主题: 40 -48

第三主题: 104

到了1962年,节拍器的数字又变为:

第一部分

第一主题: 84 -88

过渡: 108

第二主题: 76

结尾: 108

三声中部

第一主题：60（起伏极大）

第二主题：60（起伏极大）

第三主题：108

1970年的演奏基本与1962年的版本保持一致：88，108，72，108，60，60，108。

以上这些粗略的统计数据只针对主要片段，也不能真实反映贝内代托·米凯兰杰利所采用的缓急法的复杂程度，但至少能让我们大致了解到在1941年和1962年两次演奏中发生的变化以及对比程度的减弱。对比程度之所以减弱，和他放弃天鹅绒般的音色不无关系。我在此前曾经谈到，放弃天鹅绒般的音色，是贝内代托·米凯兰杰利风格变化过程中的重要特点。因此，从1941年到1962年，我们可以很轻易地发现一种文艺思想的转变，简单地说，就是从浪漫主义或浪漫主义晚期转变为古典主义或是新古典主义。

关于贝内代托·米凯兰杰利，在人们能够确定的为数不多的信息里有那么一条，即在他体内始终停留着一个浪漫主义的灵魂。因为不合时宜，也因为现实与理想的差距，这个灵魂备受煎熬，催生出一种渴望，一种永远无法得到满足的痛苦期待。但作为演绎者，他在五六十年代形成了一种看待音乐的古典视野——很有可能以艰苦的内心挣扎作为代价，将艺术世界视为宇宙的视野。主导这样一个宇宙的是不同部分之间的匀称比例与和谐关系，而对于主题与人物的个人主义式的推动，将很难起到作用。

在贝内代托·米凯兰杰利的成熟时期，肖邦作品里一个创作手法相当复杂的主题，很少会凌驾于其他主题之上，只有《叙事曲》Op. 23中的第二主题是个例外。但于我看来，在那一主题中，缓慢节奏与明亮音色之间的关系并没有得到清晰的阐释。当然，人们可以自由地喜爱现存肖邦作品演奏中的某一个版本或是另一个版本。总之，在它们之间虽然存在着细节上的差异,但在结构上却没有任何不同。

转折很可能发生在 1955 年前后。在贝内代托·米凯兰杰利于战争期间演奏肖邦作品之后,他只在 1952 年于阿莱佐公开弹奏了《奏鸣曲》Op. 35。总体来看,他的弹奏颇有科托的痕迹,并与他自己在 1941 年演奏的《谐谑曲》Op. 31 保持了惊人的一致:微弱到似乎是在挑战人类听力极限的声音、极为强烈的主题对比、跳跃的节奏,还有速度极为缓慢的间奏——它能够在保持节奏强度的情况下让人忽略速度的变化。而于我看来,这场演奏的关键时刻出现在《葬礼进行曲》的再现部,那是何等的忧郁,何等触动人心的宿命论,以至于在最后两小节中左手降低八度的弹奏也显得合乎情理了。同样令人难以忘怀的还有终曲,让人感觉似有“凉风在墓地刮起”——这是安东·鲁宾斯坦最先在作品里找到的意境。在贝内代托·米凯兰杰利日后弹奏的《葬礼进行曲》中,终曲总能让人印象深刻,哪怕那阵凉风温和了些许。

在 1959 年、1960 年甚至是 1967 年的《葬礼进行曲》里都未出现我们所知的最初版本里的绝望深渊。从节拍器显示的数字来看,1952 年的版本是 44,而 1959 年和 1967 年的版本都是 56,这一差别并非微不足道——后者要比前者快了将近四分之一。不同的演奏速度为声音带来了全方位的改变:比如说,在 1952 年的版本里,“极强”(fortissimo)的音量占据了多数,音色略显沉闷。相比之下,在此后的演奏中,更为纯净的音色与稍快的节奏遥相呼应,呈示部与再现部之间的表达语气也连贯一致(还不见了最后两小节中用左手降低八度的弹奏)。

在 1959 年版本里得以保留的一些细节在 1967 年的版本里却不见了踪影。比如说,在《奏鸣曲》的开始部分,肖邦标注了“强”(forte)。在 1952、1959 和 1960 年的演奏中,贝内代托·米凯兰杰利都以“弱”(piano)开始,直到 1967 年才重新回到“强”。而要说到 1952 与 1959 两个版本之间最大的不同,仍然要数《葬礼进行曲》中的节奏变化:从 1952 年的 44 到

1959 年的 56。此外,乐曲的中间部分,即三声中部,在 1952 年时的速度是 44,到 1959 年时则变成了 48。所以,在 1959 年的演奏中,贝内代托·米凯兰杰利不仅调整了赋格插部,还采用了两种不同的速度,一种用于进行曲,另一种用于三声中部:

1952	1959
进行曲 44,三声中部 44	进行曲 56,三声中部 48

这是情感表达上的调整,也是结构上的变化。总之,是一种截然不同的文艺思想。贝内代托·米凯兰杰利并没有在 1959 年的版本里丢弃他为三声中部所配上的如歌的音色,他也因此在保持音色不变的前提下最大限度地提高了速度。所有演奏者都清楚,如果音色不能完全使听众着迷,三声中部的旋律就会显得平庸无味。我们不妨来听听《奏鸣曲》最早的评论者之一威廉·冯·兰兹(Wilhelm von Lenz)的说法:"降 D 调的三声中部几乎接近菲尔德式的夜曲风格,但它多了延音,音色也更饱满。肖邦的处理方法真是难以形容。只有鲁比尼(Rubini)能够如此歌唱,还只是在某些特定的咏叹调里[《海盗》(Pirata)中的《我的石头》(Il mio sasso)以及《拉美莫尔的露琪亚》(Lucia di Lammermoor)中的《让我躲藏一会儿》(Fra poco a me ricovero)]。没有什么会比埋没三声中部的特点更简单,也没有什么能比使它的旋律流露出笼罩整首《葬礼进行曲》的悲怆更难。"[《肖邦钢琴作品分析》(*Übersichtliche Beurtheilung der Pianoforte-Kompositionen von Chopin*),《新柏林音乐报》(Neue Berliner Musikzeitung)第 36、第 38 期,1872 年]其实,贝内代托·米凯兰杰利的处理同样难以形容。如果说兰兹提到了安东尼奥·鲁比尼,那么我们也可以引用贝尼亚米诺·吉里(Beniamino Gigli)的名字。

之前在评论《协奏曲》K 450 时,我曾提到过一位英雄般的莫扎特,而所有 1962 年的电视录像则向我们展示了一位英雄般的肖邦:无论是《奏鸣曲》、《幻想曲》Op. 49、《叙事曲》Op. 23 和《谐谑曲》Op. 31，还是《玛祖卡舞曲》甚至是《圆舞曲》，他在其电视录像和此后的唱片里都原封不动地保留了这种文艺形象。

《圆舞曲》Op. 34 no. 1 的演奏显然最让人惊讶，惊讶到觉得荒谬。贝内代托·米凯兰杰利丝毫没有避讳圆舞曲的辛辣，甚至还重新采用了 19 世纪的一些传统演奏模式，或者也可以说是陋习。但他在呈现这些陋习之时，没有谄媚，没有造作，仿佛是把它们当作一段伟大的史诗进行吟诵。它是荒谬的——我刚才就说过——但同时也是神奇的，因为它将一种风格和与之背道而驰的意识形态融合在了一起。坦白说，我个人更偏爱 1941 年的《谐谑曲》和 1952 年的《奏鸣曲》。然而，我不得不欣赏 1962 年和 1970 年的演奏，因为在这些演奏中，我找到了一种就我所了解的最符合肖邦思想的艺术解读。当然，它们不会是贝内代托·米凯兰杰利对于肖邦作品的最后诠释。关于这个话题，我还会再谈。

永恒的古典精神

如我们所见，贝内代托·米凯兰杰利在 1938 年布鲁塞尔的钢琴大赛上演绎了德彪西的《水中倒影》(Reflets dans l'ean)；1942 年 1 月 10 日他又在米兰演奏了《欢乐岛》(L'isle joyeuse，不，应该是 L'isola gioiosa，因为当时在意大利禁用外语)。在 1940 到 1950 年间，他的曲目总表包括了《意象》完整的第一集作品(《水中倒影》是其中的一部分)和《欢乐岛》。50 年代，他开始公开演奏《意象》的第二集和《儿童乐园》。在 70 年代末和 1988 年，他分别录制了《前奏曲》的第一集和第二集，但唱片录制要晚于他的那些公开演奏：我就曾经于 1984 年在蒙特卡罗听过他弹奏《前奏曲》的第二集(当然，早在 1962 年时，第二集中的两首《前奏曲》就已在都灵进行了录制)。

1941 年的《水中倒影》显然没有摆脱贝内代托·米凯兰杰利年轻时

的演奏风格，关于这种风格，我已在之前的章节里提过数次：超凡的朦胧感，直击主题深处的表达。只可惜，在1941年到1962年间我们只听到过一首由贝内代托·米凯兰杰利弹奏的德彪西作品，那就是1955年在华沙作为加演曲目弹奏的《向拉莫致敬》(Hommage à Ramean)。而要说到1962年的录音(《意象》的第一、二集以及《儿童乐园》)，不用我道破，读者朋友也能发现这些录音所展示的是一种完全不同的声音体系。当然，声音虽不同，结构却无太大变化，因为《水中倒影》的弹奏时间只延长了些许：从1941年的4分45秒变为后来的4分48秒。

关于完整的《意象》，一共有五次弹奏供我们研究，而我只想就其中我认为最有意思的四次谈谈我的观点——1962年的电视演奏、1971年在录影棚的那次、1987年在梵蒂冈的现场演奏以及1993年于柏林进行的弹奏这横跨三十一年的四次演奏。1962年与1971年的演奏之间以及1970年与1987年的演奏之间并无实质性差别，而更为厚实的音色和更为缓慢的节奏则标志了1962年和1993年的版本之间最为显著的差异。我对四次演奏的时长作了如下对比：

	1962	1970	1987	1993
《水中倒影》	4分48秒	4分53秒	5分03秒	5分20秒
《向拉莫致敬》	6分20秒	6分34秒	6分40秒	7分05秒
《无穷动》	3分35秒	3分39秒	3分50秒	4分03秒
《林间钟声》	3分59秒	4分21秒	4分36秒	4分28秒
《月落荒寺》	5分05秒	5分12秒	5分13秒	5分31秒
《金鱼》	3分45秒	4分02秒	4分11秒	4分53秒

随着时间的推移，米凯兰杰利演奏时的节奏愈发缓慢，音色愈发厚实；在1987年和1993年的版本中，“很弱”的程度愈发明显；此外，在表达德彪西的看法时所展现的忧伤也愈发刻骨铭心[在所有的五次演奏中，贝

内代托·米凯兰杰利尤其强调《无穷动》的开始部分,也就是《复仇之日》(Dies Irae)。在20世纪出现过许多对死亡这一话题的深刻思考,其中一定不会缺少贝内代托·米凯兰杰利的名字]。我以为,人们很难说清自己更喜欢哪场演奏,况且令人惋惜的是,米凯兰杰利在40年代弹奏的《无穷动》并没有得到保存,否则我们也许就能欣赏到他赋予这首曲子的那令人惊艳的轻柔色彩了。

关于《儿童乐园》,我们手上有他分别在1962、1968、1971和1993年完成的四次演奏的记录。这四次演奏之间并无太大区别,也没有哪一次特别完美,显现出不同寻常的风格特征。值得我们注意的倒是他的幽默,即他在《木偶的步态舞》(Golliwog's Cake-Walk)里凸显中段时所采用的幽默方式。众所周知,这部作品引用了《特里斯坦与伊索尔德》(Tristano e Isotta)中的《序曲》。此前在海顿的《D大调协奏曲》里,我就已经提到过贝内代托·米凯兰杰利为数不多的幽默片段,而《木偶的步态舞》则是另一个这样欢乐的片段,当然,它要显得更为"黑色"。

我打个小岔。也许读者朋友已经注意到,我向来讨厌所谓的轶事,而在贝内代托·米凯兰杰利身上,这样的轶事偏偏数不胜数。好吧,那我就来说上一件吧,因为它似乎能帮助我们了解主人公身上那不易被人察觉的幽默感。有一次,贝内代托·米凯兰杰利在米兰省内的一座城市演出,但他谁都不认识。在音乐会结束后,他受邀参加晚宴,然而在那样的情况下,交通问题就成了众人的麻烦。"你有车吗?""我没有""或许威尔玛有车""那你呢,你有车吗?""我觉得威尔玛应该有""那威尔玛也去吗?""我不知道,他刚才还在这儿""但愿威尔玛也去吧"。这样的话题持续了足足十分钟,而贝内代托·米凯兰杰利只是一动不动地坐着,沉浸在自己的思绪中。最后,当主人向他走去并对他说:"大师,如果您愿意,我们可以出发了"时,贝内代托·米凯兰杰利这样回答道:"那威尔玛去吗?"

从《意象》到《前奏曲》的过渡,标志着德彪西创作风格的转变:从象征主义到对室内乐（一种小资音乐）的升华。1877 年出生的科托留给我们的《前奏曲》第一集向我们呈现了这一过渡，1895 年出生的吉泽金已趋于将之淡化，而到了 1903 年出生的阿劳手里，则完全不见了踪影。在 40 年代，贝内代托 · 米凯兰杰利也许是借鉴了科托的演奏方式。到了 70 年代，他又向阿劳靠拢，尽管他的演奏完全独立，因为在那时，阿劳还没有开始研究德彪西的作品。此时，他已赋予了《前奏曲》饱满圆润的音色。我们只需聆听《德尔菲舞女》（Dansenses de Delphes）倒数第三小节中标记的"强"（forte）以及《雪上足迹》（Des pas sur la neige）最后一小节中的"很弱"（pianissimo），就能够发现：无论是对无声与有声的对比处理，还是对朦胧色彩的运用，他都没再使用古老的方法。《中断的小夜曲》（Sérénade interrompue）中由吉他伴奏的如歌部分向我们表明，那个出现在马来斯科蒂《幻想曲》（Fantasque）中的音响效果已完全消失。和《意象》相比，它的音色也没那么复杂多变。当然，这并不代表米凯兰杰利没有仔细思量过不同音色间的关系（就算是在现场录音里，他处理音色的方式依然完美）。但对于这样的德彪西，我们也可以借用之前我在莫扎特和肖邦身上所作的比喻，那就是英雄般的，一个英雄般的德彪西，他会微笑，甚至会开玩笑，然而却让人始终不忘其存在的伟大。

在艺术思想发展的这一阶段，正如我之前所说，贝内代托 · 米凯兰杰利与阿劳极为相似，因为他所在意的是音乐的永恒，而非其曾经的存在。对于贝内代托 · 米凯兰杰利，如同对于阿劳一样，只有一个名字能够代表音乐的不朽，那就是贝多芬。70 年代末，贝内代托 · 米凯兰杰利的兴趣只集中在两位作曲家身上——德彪西和贝多芬，焦点聚集了足有十年。在 1938 年的布鲁塞尔和 1939 年的日内瓦钢琴大赛上，贝内代托 · 米凯兰杰利分别弹奏过贝多芬的《奏鸣曲》Op. 111 和 Op. 2 no. 3。在 40 年代，他曲目总表中的贝多芬作品除了刚才提到的两首《奏鸣曲》，还有《G 大调帕依谢洛主题变奏曲》（Variazioni su un tema di Paisiello）以及《协奏曲》Op. 73。

但到了五六十年代，在总表中就只剩下《奏鸣曲》Op. 2、Op. 111 以及《协奏曲》Op. 73。我认为，贝内代托·米凯兰杰利所研习的《奏鸣曲》Op. 111 极有可能和我之前谈到的《奏鸣曲》Op. 2 一样，出自阿尔佛雷多·卡塞拉的修改版本（后者在 30 年代的意大利改编过许多作品）。甚至于他 70 年代的许多演奏，除了极富戏剧性之外，依然流泻出经卡塞拉改编的痕迹。事实上，这种痕迹从未消失过：我听过的他于 1988 年 1 月 15 日在布雷根茨进行的演奏就是再好不过的例子。

在 60 年代末，贝内代托·米凯兰杰利还称不上一位真正的贝多芬作品演奏者，只有到了 1970 年——贝多芬诞辰 200 周年时才算名副其实。显然，纪念日在某种程度上激励了他对贝多芬作品的研究。如此，贝多芬的许多其他作品也在 70 年代进入了贝内代托·米凯兰杰利的曲目总表：《奏鸣曲》Op. 7、Op. 22、Op. 26 以及《协奏曲》Op. 15、Op. 37（通过唱片光盘发行并号称是贝内代托·米凯兰杰利演奏的《协奏曲》Op. 58，其实并非出自他之手）。在 1970 年于波恩举行的音乐会的节目单上，我们还看到过《奏鸣曲》Op. 101，但无论是在当时还是以后的日子里，贝内代托·米凯兰杰利都没有演奏过这首曲子。

如果读者朋友在之前仔细阅读过我对贝内代托·米凯兰杰利演奏的那些德彪西《前奏曲》的评论，应该就不需要我再对他所弹奏的贝多芬《奏鸣曲》Op. 7、Op. 22 和 Op. 26 进行过多的描述了。这些演奏非常成熟：稳固的结构、钢铁般的节奏、精湛的技巧、连贯一致的分句、恰到好处的速度，特别是 Op. 7 和 Op. 22 的终曲部分，完全脱离了 18 世纪的痕迹，因为它出自一位 20 世纪新古典主义的艺术家之手。作为本书第一部分的总结，我曾说意大利的文化氛围制约了贝内代托·米凯兰杰利的发展，而现在我应该能表达得更清晰一些。我是想说，贝内代托·米凯兰杰利必须独自征服那些同一时代的德国演奏家早在求学时期就已驾轻就熟的技巧。他的这条路艰难又悲壮。我也说过，我并不想进入主人公的内心世界，也不想把故事变得太过戏剧化，然而当我想起施纳贝尔曾于 30 年代中期在特雷梅佐（Tremezzo）这座科莫湖边的小镇开设过夏季进修课程时，我却忍不住叹息，少年时的贝内代托·米凯兰杰利曾经错失了如此良机——甚至不用离开他所居住的伦巴第大区，就可以领略外面的文化世界。

《协奏曲》Op. 15 和 Op. 37 中规中矩，演奏成熟，而且……果断强硬。如同吉列尔斯、阿什肯纳齐（Ashkenazy）或其他一些艺术家一样，贝内代托·米凯兰杰利坚定地踩着上一代演奏家留下的脚印，并将前人确立的创新风格提升到完美的高度。对于贝内代托·米凯兰杰利，如同对于其他演奏者，我们得重复一句相同的话：人们可以从不同的角度演奏贝多芬的作品，却没法比他弹奏得更好。一首别人无法超越，或者说，很少达到这一高度的作品，就是《第五协奏曲》。当然，它是贝内代托·米凯兰杰利自 40 年代起的拿手好戏。

若把 1966 年的演奏同 1947 年的那次，或者在一定程度上同 1960 年的那次进行比较，我们可以发现《第五协奏曲》中有两处细节是贝内代托·米凯兰杰利在长达十九年的时间里重新思考过的，它们是起始处的华彩段落和第一乐章尾声开头处乐队重新加入演奏之前的片段。1947 年版本中快到几乎错乱的华彩段到了 1966 年时却变得雄伟庄严起来。降 e 小调的尾声部分在 1947 年的演奏里成了一只八音盒，音色甜美迷人，甚至像被施展了魔法，十足的"印象主义"。但在我看来，却显得落伍，因为这种通过对踏板的特殊运用实现人们口中的"天籁"之声的做法，其流行时间是在 19 世纪初。而要通过手指，而非踏板实现那样的音色，贝内代托·米凯兰杰利就不得不大幅降低速度，这也导致了圆号进入协奏时的结构断层。在 1960 年，贝内代托·米凯兰杰利依然痴迷于对音色的研究，痴迷于音色的神奇。到了 1966 年，他放弃了这一追求，结构断层便再次出现。他在朱里尼指挥下的"官方"现场弹奏已堪称 20 世纪钢琴演奏的杰作，而于 1969 年和 1974 年同切利比达克合作进行的两次现场演奏更甚于此。

70 年代，贝内代托·米凯兰杰利第一次，也是唯一一次弹奏了舒伯特的作品——一首年轻气盛的奏鸣曲。出现在这次演奏中的舒伯特犹如贝多芬的胞弟，两人出自同一家庭，拥有共同的道德观念，没有脆弱的心灵，也没有忧伤的情绪。我们甚至可以说，在《奏鸣曲》Op. 7 第三乐章的小调里——那个具有高度文艺思想的片段——出现的贝多芬比《奏鸣曲》Op. 164 第一乐章里的舒伯特更像舒伯特。而在米凯兰杰利演奏的《叙事曲》Op. 10 中，勃拉姆斯也似乎成了贝多芬的后代。1975 年，贝内代托·米凯兰杰利受托将舒曼的《狂欢节》录进唱片，但在我看来，他虽然想用贝多芬的视角去诠释整个 19 世纪的作品，但最终还是失败了。那次的演奏的确雄伟、庄严、忧伤，与 1957 年奔放、生动的演奏形成了鲜明对比，却没有达到相同的完整性。当然，这只是一个例外：除了舒伯特，56 岁的贝内代托·米凯兰杰利指下的所有其他作曲家都像是住在奥林匹亚山上的众神，无关人间的风雨，始终生活于永恒。

晚期风格

对一名已逐渐深入艺术本质的演奏者，我们最后能够期待的一定是那些经典作品的再现。70 年代时，在贝内代托·米凯兰杰利前方的道路上曾矗立着贝多芬的《华尔斯坦》(Waldstein)、《热情》(Appassionata)、《槌子键琴》(Hammerklavier)，舒伯特的《流浪者幻想曲》(Wanderer)、《D960》，肖邦的《前奏曲》Op. 28 和他所有的晚期作品，舒曼的《奏鸣曲》Op. 11、《交响练习曲》Op. 13、《克莱斯勒偶记》(Kreisleriana) Op. 16、《幻想曲》Op. 17，李斯特的《奏鸣曲》，勃拉姆斯的《亨德尔主题变奏曲》、《协奏曲》Op. 83 以及穆索尔斯基(Mussorgski)的《图画展览会》。显然，这些作品都在他的能力之内，我不说他应该并且能够尝试全部，但至少可以选择其中一些。然而在面对新作品时，他却只对德彪西的《前奏曲》情有独钟。此外，他会定期重温已被他弹奏了近五十年的乐曲，还有诸如巴赫—布索尼的《恰空舞曲》、肖邦的《平稳的行板和大波罗奈兹舞曲》（Andante spianato e Grande Polacca brillante）Op. 22 这样的作品。显然，这些作品早已过时，也不符合当时最新的文化动态，因此，想要与时俱进，就必须对它们进行“二次创作”。

在 50 岁那年，贝内代托・米凯兰杰利完成了他的俄罗斯与日本之行。当时他的名字已家喻户晓，甚至被赋予了神话色彩，而贝内代托・米凯兰杰利则不断同过去的自己较量，使神话归于现实。我的评价是，他对那些长久以来一直演奏的作品所做的深入发掘，也导致了更多原有沉淀的丢失。我并不是指那些他明显力不从心的演奏（比如他在 1987 年于梵蒂冈城录制的《夜之加斯帕》，1988 年于布雷根茨演奏的《帕格尼尼主题变奏曲》，1989 年在不来梅录制的莫扎特《协奏曲》K466，或是 1992 年于慕尼黑录制的舒曼《A 小调协奏曲》Op. 54）。在我所指的那些演奏中，音色不再细腻多变，高声部的泛音也在声响中占据了主导，破坏了音乐思想与音质间的和谐关系。但关于这一点，我们无需在意，也不必在意，因为在最后那些年录制出版的唱片中——很遗憾，不包括莫扎特的《协奏曲》K 503——我们都能找到他过往演奏的翻版。另外，我从不认为，大家必须完全或是部分认同我的评价。

还是让我们来查清一个事实，好结束我的长篇大论：究竟是否存在一些标志，能够向我们展示他最后的风格演变，也就是他的“晚期风格”。在我看来，这样的标志显而易见并且妙趣横生。我没有机会在现场聆听贝内代托・米凯兰杰利于 90 年代进行的公开演奏，我只能说，他在 80 年代末弹奏的《第二圆舞曲》Op. 34 以及《谐谑曲》Op. 20，在风格上与他对其他肖邦作品进行的演奏完全不同，比如《叙事曲》Op. 23、《谐谑曲》Op. 31、《幻想曲》Op. 49。可以说，他对这三首作品的演奏，在二十年的时间里几乎是一成不变的。当然，这并不意味着这些演奏没有经过任何修饰或是润色。比如说，在1984年，我注意到他用断奏的方式演奏了《幻想曲》Op. 49的第一个音。显然，贝内代托·米凯兰杰利选择了德国版本，完全不同于他此前所采用的法国版本。但我认为，这个突然的断奏似乎被赋予了某种说明色彩，某种刻意的强调。当然，这只是我个人的印象。

《谐谑曲》Op. 20和《圆舞曲》Op. 34 no. 2则是贝内代托·米凯兰杰利久未接触的作品，尤其是《圆舞曲》，他似乎从未在音乐会上进行过演奏。在我看来，这一细节意义重大，因为如此一来，公众就无法对他们在当时听到的演奏同偶像此前的任何演奏进行比较，这一点米凯兰杰利本人也十分清楚。因此在我看来，就算撇开《谐谑曲》和《圆舞曲》本身的特性不谈，演奏所展现的风格特征也足以让人耳目一新。

乔治·帕斯特利(Giorgio Pestelli)——一位睿智的评论家——在《新闻报》评论1988年1月的布雷根茨独奏会时提到了这一点。此外，吉安·保罗·米纳尔蒂(Gian Paolo Minardi)在贝内代托·米凯兰杰利去世后回顾他生前最后时期的作品时，也将这首《B小调谐谑曲》作为他新风格开始的标志：

“在贝内代托·米凯兰杰利身上，每一个想法几乎都只通过声音渠道来实现。通过千差万别的各种姿势，他不仅创造出了这些声音，还将乐器的物理性能发挥到极致，以此传递写在纸上的音符。所以，我们也能将其称为钢琴渠道。或许也正是这一钢琴渠道收拢汇聚了他多年发掘工作的光芒——他通过一步步努力来完成的发掘工作——即便在最近几年里，人们认为如此完整的声音可能会被超越——当压抑聚集到无法承受时。我想到了某种撕心裂肺的痛苦，而这种痛苦之所以令人印象深刻，是因为它打破了自身那种早已根深蒂固的格局。那就是贝内代托·米凯兰杰利在肖邦第一首谐谑曲中留给我们的。那是他在长久的沉寂之后于1988年布雷根茨的音乐会上进行的演奏，而当它再一次出现在1990年5月的伦敦时,给人带来的幻想就更加强烈了。”

从风格上看,这两次演奏同他于 1992 年 6 月 5 日在摩纳哥于拉威尔《G 调钢琴协奏曲》之后加演的肖邦《玛祖卡舞曲》Op. 67 no. 2 和 Op. 33 no. 3 并无二致。与肖邦的《谐谑曲》不同,拉威尔的《协奏曲》与舒曼的《协奏曲》(后者也是贝内代托・米凯兰杰利在 1992 年 9 月 26 日于摩纳哥演奏的)没有呈现出太多亮点。如果说贝内代托・米凯兰杰利在演绎肖邦的作品时对风格和文艺思想进行了重新思考,那么这场风暴迟早都会将其他作曲家一同卷入:也许是那些他未曾接触的作曲家[比如雷格尔(Reger),米纳尔蒂曾证实,我们的主人公对他的《日记》颇感兴趣];还可能是那些从他记忆最深处跃然浮现的音乐家,比如勋伯格。

深得贝内代托・米凯兰杰利信任的调音师安杰洛・法布里尼(Angelo Fabbrini)告诉我,在 1995 年的秋天,也就是贝内代托・米凯兰杰利去世的那一年,他曾打算录制唱片,或者更确切地说,他曾打算“从头再来”。也许他真的会给我们带来惊喜。只要想想阿劳和霍洛维兹在他们 80 岁时录下的唱片,我们就能明白,在夕阳垂暮时也能结出丰硕的果实。事实上,我们不知道如果贝内代托・米凯兰杰利还在世,他会做些什么。我们也不知道,他是否会将自己曾向法布里尼表达过的决心化为现实。但有一点我们深信不疑,那就是直到 1995 年 6 月 11 日在卢加诺去世,他始终没有放弃过质疑,没有放弃过自我质疑。

III

终　曲

我亲爱的读者朋友刚刚翻阅的是我1966年发表在由安东尼奥·萨巴图齐编辑、Skira出版社出版的《声音深处》(米兰,1996年)里的文章,我稍作了些补充和修改。当再次拾起自己在九年前写下的旧作时,我曾想过对它进行重新撰写并融入主人公生平中的一些元素,那些在我看来可能影响到贝内代托·米凯兰杰利艺术风格形成与发展的元素。然而我又不得不放弃这样的想法,因为在《声音深处》之后,再没有任何出版物可以帮助我找到其他真实可靠的素材。1996年,萨巴图齐教授曾组织过一次调查工作,似乎让我看到了希望。但由于时间紧迫——该书必须赶在大师逝世一周年的纪念展览会前出版——他根本无法对全部资料进行整理。总之在今天,要想完成一部真正的传记来重现贝内代托·米凯兰杰利作为艺术家和普通人的形象,几乎成了天方夜谭。但不管怎样,仍有某些关键的细节出现在我们的眼前,让我们证实了曾经的一些假设。

比如说,在写到肖邦的《奏鸣曲》Op. 35时,我曾说贝内代托·米凯兰杰利艺术思想的转折很可能发生在1955年。事实上,在1954年时,贝内代托·米凯兰杰利不得不因为疾病而暂停一切音乐会的演奏活动(在当时,严重的肺结核甚至可能摧毁他的职业生涯)。《声音深处》收录了他在

1954年7月8日写给卡塔尼亚人阿玛利亚·兰泽洛蒂·潘塔诺(Amalia Lanzerotti Pantano)女士的信件,它向我们证实了主人公当时的焦虑情绪:"亲爱的兰泽洛蒂妈妈,我的病已经生了漫长的九个月,我还与世隔绝。我放弃一切,已经有整整九个月了。我说的'一切',是对我而言最昂贵的东西,是唯一让我活着的理由:音乐。虽然在十个月之后我可能可以慢慢恢复工作,但我的忧伤根本无法形容。我什么活动都不能参加。"先是病魔出现,再是放弃一切活动,最后康复,这一系列的事件究竟对贝内代托·米凯兰杰利产生了怎样的影响,我们不得而知。但我们有理由推断,这段内心惶恐的经历一定引起,或者至少是伴随了他生活态度和艺术思想的转变。

"亲爱的兰泽洛蒂妈妈",贝内代托·米凯兰杰利在1954年是这样称呼她的。而在1949年的1月7日,他又写道:"亲爱的兰泽洛蒂妈妈,您根本无法想象在想到您时我感到多么亲切。"兰泽洛蒂·潘塔诺女士是艺术学院的创始人及主席,曾在1946年贝内代托·米凯兰杰利在卡塔尼亚举办音乐会时招待过他。他们之间有着非常深厚的友谊,往来的信件和明信片便是佐证。兰泽洛蒂·潘塔诺女士的女儿也告诉我,两人经常互通电话。从贝内代托·米凯兰杰利的角度来说,这是一种有如子女对长辈一般饱含崇敬之情的友谊。

另一段充满母爱的友谊来自玛利亚·兰达蒂(Maria Lentati),我在之前的篇章里已有过叙述。在1941年10月10日的信里我们看到:"亲爱的玛利亚,我可没有像你可能想象的那样忘掉我们之间的约定,只是需要一点时间来平衡我的工作。我现在能告诉你,我每周可以给你上一次课(周二)。希望能尽快收到你的回复。祝你一切都好,愿我们早日见面(你看见了吗?我终于能够做到以"你"相称了)。西罗(米凯兰杰利的小名——编辑注)。"这两段同异性之间的友谊,或者还有其他我们不知道的友谊,都使我们产生了这样的疑问,那就是贝内代托·米凯兰杰利是否一直在寻找一种能够取代母子关系的情谊。

朱莉安娜·圭代蒂——贝内代托·米凯兰杰利的妻子如此形容她的婆婆:“她很高,和她儿子一样高瘦,儿子很像她。她独立又聪明,在儿子艺术发展的道路上起到了重要的作用。儿子对她既爱又怕。但要说她为了让儿子学习钢琴而把他捆在琴边,那完全是人们的夸张了。西罗对母亲非常敬畏,而她呢,其实非常看好自己的儿子,早就在他身上发现了艺术家的影子。但她从来没有表达过这些想法,而是把它们深埋在心底,于是就导致了母子间沟通的缺乏。相反,儿子与父亲几乎无话不谈。毫无疑问,西罗感觉到了这种紧张的关系,而且因为缺乏沟通,他开始想念母亲。毕竟,我再重复一遍,他是全心全意爱着自己的母亲的。”①

除了这一入木三分的描述,我们可以再补充一件事:安杰拉·帕帕罗尼(Angela Paparoni)——贝内代托·米凯兰杰利的母亲,是一位“拥有教师资格证书的家庭主妇”。正如贝内代托·米凯兰杰利的出生证明告诉我们的那样,她没有给儿子在学校报名,而是亲自负责他的教育。在我看来,上述事实证明了我们此前提出的假设,那就是他在寻找一种母子关系的替身,虽是替身,但却“真实”。还有其他一些可能影响了贝内代托·米凯兰杰利性格形成的因素,比如 1924 年弟弟翁贝托(Umberto)——未来的小提琴演奏家——降临人世,就曾让阿尔图罗心存嫉妒,当然还有 1926 年妹妹利利亚娜(Liliana)的出生。“妹妹利利亚娜……在 8 岁那年去世了,留给了父母和兄长们无限的悲痛,这种悲痛占据了他们的整个生命。阿尔贝蒂(Alberti)教授曾是她的教父,但也没能将她从暴发性肺炎的魔掌中救出。在隆冬极为严寒的一天,父亲和西罗亲手将她埋葬了。父亲在经历了肺炎的多次侵袭后,已经掉光了头发,在当天遭遇的严寒更是加

---

① 朱莉安娜·贝内代托·米凯兰杰利:《同西罗生活》(*Vita con Ciro*),Edimedia 出版公司,博洛尼亚,1997 年。

剧了他的病情，让他开始为自己的生命担心。他决定住进医院，并在那里待了很久。阿尔图罗不得不代替父亲照顾他的那些学生，以帮助家庭维持生计。那年西罗15岁。每当父亲回忆起那段时期，他总会说，当时还是孩子的西罗似乎一夜长成了顶天立地的男子汉。”①

那么现在，就让我们把目光转移到他的父亲朱塞佩身上。朱塞佩毕业于博洛尼亚的法学专业，但由于身体原因（在前线驻守时落下了肺病），他放弃了律师这一稳定的职业，转投家庭音乐教师的行当。“他的脾气相当温和，孱弱的身体更加突出了这一点。”②朱塞佩·贝内代托·米凯兰杰利的父母都算是英年早逝，一位布雷西亚的外交官成了他的监护人。这位外交官总将朱塞佩带在身边，一同前往他工作的那些国家。在70年代的一次采访中，贝内代托·米凯兰杰利曾提到他的德国血统（其姓氏原为Benedikter），说他曾和一位奶奶在欧洲漂泊，还跟随奥地利的老师学习过，简直让人瞠目结舌。这些完全出自他的杜撰，但我们或许可以认为，他是将发生在他父亲身上的故事占为已有，并进行了一些改编。

朱莉安娜女士多次提到，朱塞佩出生于福利尼奥（Foligno），是“一个古老家族的后代。他的家族史可以追溯到雅各伯·贝内代托（Jacopone Benedetti），人称雅各伯·达·托蒂（Jacopone da Todi），被认为是继叙咏《圣母悼歌》（Stabat mater）的作者”。雅各伯的妻子瓦纳（Vanna）是米凯兰杰利家族的一位女伯爵。“不管怎样，阿尔图罗是米凯兰杰利伯爵家族的贝内代托，”“他很在意自己的头衔，尽管他几乎从不向人谈起。”③显然，朱莉安娜·贝内代托·米凯兰杰利所言之事源于家中茶余饭后的谈话，或许完全对应事实，或者只有部分。对我们来说，想要完成一本传记，

---

① 摘自朱莉安娜·贝内代托·米凯兰杰利：《同西罗生活》，Edimedia出版公司，博洛尼亚，1997年。

② 同上。

③ 同上。

有项工作必不可少:对朱塞佩·贝内代托·米凯兰杰利的出身和学习经历进行一番档案研究。总之,无论这些是有历史根据的事实,还是所谓的家族传奇,贝内代托·米凯兰杰利成长其中的家庭环境——如我们在这些零碎的信息中所见的那样——是我们继续深入研究的重要内容。只是在今天,要想提出有证可循的假设,还缺少很多具体的信息。

刚才说到1954年的疾病,我插入了许多题外话,但似乎没有得出什么像样的结论。然而我相信,一个没有答案的问题也总有其存在的理由,应该不会让读者觉得反感吧。另一个无解之题是关于贝内代托·米凯兰杰利在1968年离开意大利的原因。60年代,我们的主人公成为了BDM的股东。这是一个为发行唱片而在博洛尼亚成立的公司,其名字由他和另外两位股东[博卡内格拉(Boccanegra)以及迪·马泰奥(Di Metteo)]的首字母组成。然而好景不长,1968年时,BDM破产的司法程序已经启动。那年的6月13日,司法官员将有关财产保护性扣押的裁决通知了当时正在里米尼(Rimini)诺维利剧院(Teatro Novelli)忙于音乐会演出的贝内代托·米凯兰杰利。在法律上,这一裁决本无可厚非,但实际上法官可以做出另外的决定,而且这项裁决本可以通过更为低调的方式传达。贝内代托·米凯兰杰利认为自己遭到了冒犯与迫害,将其名字撤出了曾以之命名的布雷西亚和贝尔加莫音乐节,并宣布从此不会在意大利进行任何演出。尽管他保留了自己在博尔扎诺(Bolzano)的住所,还是去了苏黎世定居,并最终在朋友的帮助下,改变了瑞士提契诺州当局起初所采取的对他不利的决议。

这场官司以十二年后的一纸破产契约收尾[相关的具体情况,读者可参阅《声音深处》一书中尊敬的马里奥·佩迪尼先生(Mario Pedini)所著的文章],并未给贝内代托·米凯兰杰利带来任何经济负担。然而,已经没有什么能够动摇他不再回意大利进行演出的决心了。他曾在梵蒂冈演奏过,后来也回到过布雷西亚,但只是一次纪念教皇保罗六世的弹奏——

这位从布雷西亚走出的教皇是他青年时期的知交。这似乎是化解危机的大好机会。有关他会在1980年6月16、18和20日举行三场音乐会的消息不胫而走，各大报纸也为化解危机而制造出热烈的反响，但它们等来的却是贝内代托·米凯兰杰利的法律顾问彼得·施瓦茨（Peter Schwarz）律师极为冷淡的通告："……所谓大师回到祖国的说法只是人们错误的报道和揣测，事实上他根本没有这一想法；他举办音乐会的唯一的目的是纪念他故乡伟大的教皇。音乐会与任何意大利组织无关，也和布雷西亚及贝尔加莫音乐节无关。"

《晚邮报》（Corriere della sera）用一则非常讽刺的标题登载了律师的声明——"贝内代托·米凯兰杰利在布雷西亚演奏，'却不重返意大利'"。事实上，这样的讽刺并非无理取闹，即使这三场音乐会并没有出现在音乐节的官方日程中。只是6月16日那场音乐会的效果难免使人失望，虽然贝内代托·米凯兰杰利面前的音乐厅座无虚席，但大部分听众都只是教士，真正的音乐迷寥寥无几。晚会的收入——3600万里拉——被全部捐出，用来帮助那些流亡到泰国的来自中印半岛的人。

我觉得是时候对在1968年发生的种种做个了结了。但那个问题，那个没有答案的问题，依然悬而未决：财产的保护性扣押和有关部门对这起事件"挑衅性的"声明，究竟对贝内代托·米凯兰杰利的精神世界造成了怎样的影响？如果这些反面事件确实对他造成过影响，那么对于他70年代文艺思想和职业精神的转变，又起到了多少作用？

刚才我曾提到——以一则新闻报道的名义——那场音乐会的大部分听众是教士，这就为我们提供了另一个研究方向：贝内代托·米凯兰杰利的宗教热情。在50年代于阿莱佐任教期间，他曾多次前往圣弗朗西斯科在基乌西德拉韦尔纳（Chiusi della Verna）的隐居地。而最近几年，他也似乎在提契诺州的布拉（Pura），即他的定居地，和一些日后在他葬礼上出现的传教士频繁见面。我们很难说出"信仰"二字对于贝内代托·米凯兰杰利的意义。关于这个话题，我们为不能进行深入的研究而感到由衷惋惜。同样让我们遗憾的是，我们无法理解在他身上对他人的慷慨与对人性的鄙视究竟如何错综交织，亲和有礼的性格与对残酷讥讽的爱好又如何同时存在。

在贝内代托·米凯兰杰利的性格中，我们能够确定的是他对乐器惊人的苛求。在调试钢琴时，他不仅极度谨慎，还拥有超凡的技术："遇到棘手的问题时，他总由我们在黑暗里摸索，随后向我们指出一条正确的道路。他是无可争议的乐器行家。"①"贝内代托·米凯兰杰利对乐器极为敏感，哪怕一点点微小的偏差也逃不过他的耳朵。我记得有次他试验一台崭新的斯坦威钢琴，最后得出的结论是有问题。厂家的技术总监不得不亲自赶来检查，最后证实在琴键的下层残留了一颗极微小的木屑！"②

我们仿佛看到了大奖赛赛车手与其技术团队一同忙碌的场景，但毕竟法布里尼和维卡里生在了一个好时代。在贝内代托·米凯兰杰利的职业生涯初期，他不得不被迫接受音乐会主办方为他提供的条件。因为曾经由制造商向青年才俊免费提供乐器和技师服务的时代早已过去。但如有必要，贝内代托·米凯兰杰利仍会自掏腰包，请求30年代时他在米兰结识的赫赫有名的调音师凯撒·奥古斯都·塔罗尼(Cesare Augusto Tallone)前来帮忙。

这是1949年5月25日他从巴勒莫(Palermo)发出的电报原文："请坐最早班机速来巴勒莫，钢琴状况极糟，我只相信你的魔力。谢！"强强合作。很快，塔罗尼就跟随贝内代托·米凯兰杰利东奔西走，并建起一支团队。此后，在每一场音乐会前，他都要固执地同塔罗尼或是其他御用调音师一起工作，甚至会让人搬来数架钢琴以选择最适合场地的那一台：

① 贝内代托·米凯兰杰利的御用调音师A.法布里尼，《声音深处》。

② 贝内代托·米凯兰杰利的另一位御用调音师G.维卡里，《声音深处》。

“……通常都会有两台或是三台钢琴出现在舞台上，有时甚至是四台，由米凯兰杰利选择其中之一，而他连一台都看不上的情况时有发生。”（A. 法布里尼）

对贝内代托·米凯兰杰利——如同对霍洛维兹——人们总会质疑，究竟是技师的工作还是钢琴家的双手创造出了如此特别且稀有的音色？在此我们倒可以引用人们对于肖邦的评价：他弹奏普莱耶尔牌（Pleyel）钢琴，但在普莱耶尔牌钢琴上，他创造出了属于自己的声音。那么同样，米凯兰杰利的声音也并非其钢琴的声音。琴弦的张力、连动装置的调节、琴槌的音准都必须达到十全十美，因为不该有任何事物阻碍贝内代托·米凯兰杰利的声音创造。我们得注意，在钢琴上进行的活动无关双耳，而有赖于触觉。如果说歌手或是小提琴演奏者在通过肌肉活动发出声音后，可以立刻由作为“控制塔”的耳朵进行纠正：“这不行，得调整”，对钢琴演奏者，耳朵就只能提醒：“这样不行，你得注意下一个音”，因为声音一旦发出，便无法纠正。

琴键在它们被按下的那一刻，实际已经走过10到11毫米的路程。这一距离在某些情况下也许根本微不足道，而在另一些领域，比如显微外科，却举足轻重。在钢琴的世界里，琴键11毫米的移动就是这般举足轻重，因为这不再是个简单的数字问题，而是在这一数字范围内对速度——对加速与减速进行处理的问题，甚至在很多情况下，还关系到延音踏板的使用（如果说得复杂一些，手指必须破坏杠杆平衡，而脚掌则要战胜弹簧的阻力）。如我们所见，贝内代托·米凯兰杰利展现的不同音色几乎没有穷尽，他能做到这一点，恰是因为其肌肉与神经反应能够在千分之一秒的时间里做出权衡、掌控全局并因此选择加速或是减速。就好像在赛车比赛最后的零点几秒时间里，有人可以率先冲过终点，有人却只能屈居第三。贝内代托·米凯兰杰利让他的团队严格检查赛车，以便自己在驾驶它时能够尽可能地避免事故，安全驶过终点。事实上，他总能以胜利者的身份出现在终点。

贝内代托·米凯兰杰利的完美主义与他所遭受的痛苦,听众究竟能体会多少,又有多少是他自己——阿尔图罗·贝内代托·米凯兰杰利才能形容的？让我们来听听安杰洛·法布里尼这位主要负责钢琴调试收尾工作的魔鬼调音师的说法:“如果不是以某种特定的方式起调,那么就算调音达到完美,仍然存在毁于一旦的可能。事实上,很多人认为这是机械构造的问题,这个问题会突出琴键间的‘台阶’。如果这类事情发生,那就真是个悲剧了,因为大师的双手会察觉到琴键之间的高低差距。这并非是调音的失误,调音是完美的。这是起调的问题,即使人们无法听出音色的不同与音色协调性上的差别。”

如果读者朋友还记得我曾在贝内代托·米凯兰杰利与50年代新音乐的文艺思想之间发现过惊人的一致性,就一定能理解我正要得出的结论:艺术作品的享受者,总是无法对艺术作品做出准确的评价。

在贝内代托·米凯兰杰利职业生涯的最后阶段,虽然观众数量会直接影响到音乐会的上座率,但对贝内代托·米凯兰杰利而言,已无关轻重。事实上,他演奏的唯一判官,是他本人。如果他认为没有到达自己预先设定并孜孜以求的高度——他可以为此不分昼夜地工作,直至痉挛——那么即使是面对排山倒海般的热烈掌声,他也会无动于衷。不管怎样,他一边苛求乐器达到十全十美,一边又在那些音响效果不甚理想的音乐厅进行演奏,比如梵蒂冈的内尔维大厅,布雷根茨的艺术节剧院大厅以及蒙特卡罗音乐厅。

对乐器的过分在意与迷恋以及在最后几年里越发严重的精神障碍,不断将贝内代托·米凯兰杰利推向绝望的深渊,因为他所固执追求的完美已经无法被人理解,任何糟糕的情况都有可能随之出现。贝内代托·米凯兰杰利文艺思想的转变过程让人想起古斯塔夫·福楼拜。如果说后者是文字的完美主义者,那么我们的主人公就是声音的完美主义者:声音成了一面明镜，反射出每一部作品，直到它的性能极限，如同《包法利夫人》（Madame Bovary）、《萨朗波》（Salâmmbo）还有《圣安东尼的诱惑》（Tentation de Saint-Antoine）里对文字的疯狂雕琢最终造就了《布瓦尔和佩库歇》（Bouvard et Pécuchet）。若有谁想要闯入这片禁区，必将日复一日、年复一年地遭受撕心裂肺的痛苦，而在它变得不可承受之前，根本无人能够体会。

在贝内代托·米凯兰杰利的垂暮之年，一道耀眼的光芒——我曾经提到的肖邦《协奏曲》Op. 20 的尾声中那暗夜惨叫般的九处不协和和声——向我们显示了贝内代托·米凯兰杰利在理解痛苦时所达到的高尚境界。这也许是他最后的转变了，尽管这一转变没有得到具体体现（或者于我看来，没有得到全部体现）。有关贝内代托·米凯兰杰利晚年的一切都留给了我们太多困惑。但即便是困惑，也一定具有某种意义，哪怕我们无法说清深层的原因。

III 演奏曲目

斯坦法诺·比奥萨、马可·比扎里尼编辑

米凯兰杰利的曲目总表以精挑细选著称(甚至从某种意义上说,他的曲目总表相当“稀薄”)。其实,大师曾经演奏过的作品数量众多,尤其是在其职业生涯初期。在阿尔图罗·贝内代托·米凯兰杰利青年时期的音乐会曲目表中,有许多作品是在他成熟时期才遭到遗弃的。在这些作品中,我们发现了巴赫的《D 小调托卡塔与赋格》,选自韦伯《第一奏鸣曲》的《无穷动》,肖邦《前奏曲》Op. 28 与《练习曲》Op. 10 中的一些乐曲,李斯特的《E 大调第二号波兰舞曲》《第四号匈牙利狂想曲》和《第十二号匈牙利狂想曲》,巴拉基列夫的《伊斯拉美》,德彪西的《欢乐岛》,拉威尔的《水之嬉戏》,拉赫玛尼诺夫的一些前奏曲,曼努埃尔·德·法利亚(Manuel de Falla)的《火祭舞》(Danza rituale del fuoco),还有当时一些意大利作曲家尤其是布雷西亚作曲家的作品,比如博西尼(Bossini)、马尔戈拉、马南蒂(Manenti)、卡皮塔尼奥(Capitanio)以及活跃在教学与创作领域的朱塞佩·贝内代托·米凯兰杰利——他的父亲。随着时间的推移,另有一些作品受到了大师的冷落,比如让·阿布西尔的《第一协奏曲》(钢琴及乐队)、贝多芬的《三重协奏曲》、弗朗克的《交响变奏曲》、马丁的《叙事曲》(钢琴及乐队)以及佩拉加洛的《协奏曲》(钢琴及乐队)。

为了重建大师完整的曲目总表，位于布雷西亚的“阿尔图罗·贝内代托·米凯兰杰利”资料中心多年来始终致力于系统研究，对那一时代的众多国内外期刊、音乐会演出海报和节目单进行细致的分析整理。即便如此，这些资料仍然不能向人们提供某些作品的具体资料，因为在很多情况下（尤其是在大师的青年时代）作品的调性和作品号都是被忽略的。另外，一些不知名的作品是大师在加演曲目中进行弹奏的，在节目单上根本无迹可寻。

曲目总表的重建工作从大师在20世纪20年代初（他还是个孩子时）收藏的评论开始，通过对那一时期各类目录名册和音乐出版物的翻阅参考，力求获得尽可能完整的资料。

通过这项如今仍在进行的研究，诸多重要信息（尤其是那些有关大师青年时期的信息）逐一浮出水面。比如他曾在1938年音乐学家路易吉·罗尼奥尼的讲座上演奏过一些勋伯格的钢琴作品。此外，他还在鲜有的几次二重奏音乐会上和大提琴手菲丽奇·露西亚（Felice Luscia）与费尔南达·布拉内罗（Fernanda Buranello）合作演奏过一些室内乐作品。关于另一些协奏曲，比如同小提琴手乔治·琼皮（Giorgio Ciompi）和弟弟翁贝托·贝内代托·米凯兰杰利（Umberto Benedetti Michelangeli）合作的二重奏，虽然人们确信其存在，却仍未找到具体的证明。总之，这些大师原本就很少触及的室内乐作品，也随着时间的流逝淡出了他的视线。只有一个例外：1972年同弦乐三重奏合作的协奏曲——莫扎特的《四重奏》KV 493。非常幸运的是，当时在现场进行的录音为后人了解那次演奏提供了可能。

我们在曲目总表中去除了贝多芬的《G大调第四号协奏曲》以及德彪西的《六首古代墓志铭》，因为有相当可靠的证据证明它们从未进入过大师的音乐会曲目总表（详见唱片信息第3条与第29条注释）。

这是一项仍在进行的工作。“阿尔图罗·贝内代托·米凯兰杰利”资

料中心真诚期待国内外各界人士的帮助。如有最新资料与信息，可致信以下邮箱地址与中心联系：cdabm@libero. it

2006年2月于布雷西亚

斯坦法诺·比奥萨、马可·比扎里尼

让·阿布西尔(1893—1974)
第一协奏曲(钢琴及乐队)Op. 30

伊萨克·阿尔贝尼斯(1860—1909)
纳瓦拉 Op. post［由德奥耐·德·赛弗拉克(1873—1921)完成］
海湾的浪声 Op. 71 no. 6(选自《旅行回忆》)

乔瓦尼·玛利亚·安佛西(1864—1946)
随想练习曲(古风)(为钢琴而作)

卡尔·菲利普·埃马努埃尔·巴赫(1714—1788)
视唱曲

备注：可能是A大调视唱曲 Wq. 117 no. 4

约翰·塞巴斯蒂安·巴赫(1685—1750)
F大调意大利协奏曲 BWV 971(选自《键盘练习Ⅱ》)
创意曲两首

备注：其中一首可能是三声部G大调第十号创意曲BWV 796，于布雷西亚文图利音乐学院的一次考试中弹奏。

约翰·塞巴斯蒂安·巴赫—费鲁奇奥·布索尼(1866—1924)
恰空舞曲(选自《第四奏鸣曲》中的《D小调第二小提琴独奏组曲》)BWV 1004(第五部分)，D小调第二小提琴独奏组曲，BWV 1004(选自《巴赫/布索尼全集》第三册)(由费鲁奇奥·布索尼改编成钢琴演奏曲)
柔板(选自C大调管风琴托卡塔)BWV 564(由费鲁奇奥·布索尼改编成钢琴演奏曲)
D小调管风琴托卡塔与赋格曲，BWV 565(由费鲁奇奥·布索尼改编成钢琴演奏曲)

米利·阿列克谢耶维奇·巴拉基列夫(1837—1910)
伊斯拉美(东方幻想曲)

路德维希·范·贝多芬(1770—1827)
D大调钢琴小品 Op. 119 no. 3
C大调第一协奏曲(钢琴及乐队)Op. 15

备注：第一及第三乐章：路德维希·范·贝多芬的华彩乐段

C小调第三协奏曲(钢琴及乐队)Op. 37

备注：第一乐章：路德维希·范·贝多芬的华彩乐段

降E大调第五协奏曲(钢琴及乐队)Op. 73，亦称《皇帝》
C大调三重协奏曲(钢琴、小提琴、大提琴及乐队)，Op. 56
C大调第三奏鸣曲 Op. 2 no. 3
降E大调第四奏鸣曲 Op. 7
降B大调第十一奏鸣曲 Op. 22
降A大调第十二奏鸣曲 Op. 26，亦称《葬礼进行曲》
升C小调第十四奏鸣曲 Op. 27 no. 2，亦称《月光奏鸣曲》(《月光》)
C小调第三十二奏鸣曲 Op. 111
G大调拜谢罗主题变奏曲(《欢乐已不在我心》)(选自《磨坊少女》)WoO 70

朱塞佩·贝内代托·米凯兰杰利(1882—1957)
钟声(为钢琴而作)

莱昂·伯埃尔曼(1862—1897)
交响变奏曲(大提琴及钢琴)Op. 23

卡洛·博西尼(1911—1980)
以回旋曲的方式

约翰内斯·勃拉姆斯(1833—1897)
叙事曲四首 Op.10(D 小调第一叙事曲;D 大调第二叙事曲;B 小调第三叙事曲;B 大调第四叙事曲)
A 小调帕格尼尼主题变奏曲(练习曲) Op.35(以《A 小调小提琴独奏随想曲》Op.1 no.24 为基础)

埃斯多罗·卡皮塔尼奥(1874—1944)
哈桑之舞(钢琴谐谑曲)

阿尔弗雷多·卡塞拉(1883—1947)
巴赫名字主题利切卡尔两首 Op.52—Ⅰ.葬礼

备注:米凯兰杰利只在卡塞拉去世那年演奏了利切卡尔两首中的第一首。

大提琴塔兰泰拉舞曲(钢琴伴奏)[由路易奇·席尔瓦(1903—1961)改编]

加斯帕尔·卡萨多(1897—1966)
绿鬼之舞(大提琴及钢琴)

马里奥·卡斯泰尔沃-泰代斯科(1895—1968)
柏树(为钢琴而作)

保罗·切莫利(1852—1934)
浪漫曲
谐虐曲

弗雷德里克·肖邦(1810—1849)
G 大调平稳的行板
降 E 大调辉煌的大波洛奈兹舞曲 Op.22 no.58
G 小调第一叙事曲 Op.23
降 D 大调摇篮曲 Op.57
F 小调幻想曲 Op.49
B 小调第十九玛祖卡舞曲 Op.30 no.2
降 D 大调第二十玛祖卡舞曲 Op.30 no.3
升 G 小调第二十二玛祖卡舞曲,op.33 no.1
B 小调第二十五玛祖卡舞曲 Op.33 no.4
降 A 大调第二十八玛祖卡舞曲 Op.41 no.3
C 大调第三十四玛祖卡舞曲 Op.56 no.2
升 F 小调第三十八玛祖卡舞曲 Op.59 no.3
G 小调第四十三玛祖卡舞曲 Op.67 no.2
A 小调第四十五玛祖卡舞曲 Op.67 no.4
C 大调第四十六玛祖卡舞曲 Op.68 no.1
A 小调第四十七玛祖卡舞曲 Op.68 no.2
F 小调第四十九玛祖卡舞曲 Op.68 no.4,亦称《未完成》(由扬·艾凯尔重编)
升 F 大调第十四前奏曲 Op.28 no.13
降 B 小调第十七前奏曲 Op.28 no.16
F 大调第二十四前奏曲 Op.28 no.23
升 C 小调前奏曲 Op.45
降 A 大调前奏曲 Op.post
B 小调第一谐谑曲 Op.20
降 B 小调第二谐谑曲 Op.31
降 B 小调第二奏鸣曲 Op.35,亦称《葬礼进行曲》
C 大调第一练习曲 Op.10 no.1
升 C 小调第四练习曲 Op.10 no.4
降 G 大调第五练习曲 Op.10 no.5
降 A 大调第二辉煌圆舞曲 Op.34 no.1
A 小调第三圆舞曲 Op.34 no.2
降 A 大调第九圆舞曲 Op.post. 69 no.1,亦称《告别圆舞曲》
降 E 大调第十七圆舞曲 Op.post

彼得·伊里奇·柴科夫斯基(1840—1893)
升 C 小调夜曲 Op.19 no.4

穆齐奥·克莱门蒂(1752—1832)
降 E 大调奏鸣曲

备注:我们并不知晓具体为哪一首(存在几首相同调性的奏鸣曲)

降 B 大调奏鸣曲 Op.12 no.1

卡尔·车尔尼(1791—1857)
第二练习曲 Op.409(选自《50 首钢琴特性练习曲》)
第十五练习曲 Op.409(选自《50 首钢琴特性练习曲》)
C 大调托卡塔 Op.92

克洛德·德彪西(1862—1918)

儿童乐园(钢琴独奏组曲):Ⅰ.练习曲“博士”;Ⅱ.小象催眠曲;Ⅲ.洋娃娃的小夜曲;Ⅳ.雪花飞舞;Ⅴ.小牧童;Ⅵ.木偶的步态舞
意象第一集(钢琴二手联弹)L.110:Ⅰ.水中倒影;Ⅱ.向拉莫致敬;Ⅲ.无穷动
意象第二集(钢琴独奏)L.111:Ⅰ.林间钟声;Ⅱ.月落荒寺;Ⅲ.金鱼
欢乐岛
前奏曲第一集 L.117:1.德尔斐舞女;2.帆;3.原野上的风;4.暮色中的声音和芳香;5.阿纳卡普里的山丘;6.雪上足迹;7.西风所见;8.亚麻色头发的少女;9.中断的小夜曲;10.沉没的教堂;11.小妖精之舞;12.游吟诗人
前奏曲第二集 L.123:1.雾;2.枯叶;3.维诺之门;4.善舞的仙女;5.欧石南;6.怪癖的拉文将军;7.月色满庭台;8.水妖;9.向匹克威克致敬;10.骨壶;11.三度交替;12.焰火

曼努埃尔·德·法利亚(1876—1946)
火祭舞(选自《魔法师之恋》)

雷纳多·法萨诺(1902—1979)
文德先生(大提琴与钢琴)

路易吉·法拉利-特雷卡特(1884—1964)
披风和贡多拉船夫(选自《潟湖倒影》)
流浪者之歌(大提琴与钢琴)

塞萨尔·弗朗克(1822—1890)
升 F 大/小调钢琴及乐队交响变奏曲

弗朗索瓦·弗朗克尔(1698—1787)
大提琴与大管奏鸣曲
备注:具体调性不明

桑德罗·福格(1906—1994)
第一练习曲

巴尔达萨雷·加卢皮(1706—1785)
降 B 大调钢琴奏鸣曲(为古钢琴而作)
急板
备注:米凯兰杰利演奏了《降 B 大调奏鸣曲》中的一段急板,没有具体说明哪一首奏鸣曲
C 大调第五钢琴奏鸣曲(为古钢琴而作)

恩里克·格拉纳多斯(1867—1916)
E 小调西班牙舞曲 Op.37 no.5(安达鲁西亚)
间奏曲(选自歌剧《戈雅之画》)

乔瓦尼·巴蒂斯塔·伊涅兹奥·格拉兹奥利(1746—约 1820)
G 大调奏鸣曲 Op.I no.11
Ⅱ. G 小调柔板
备注:米凯兰杰利仅演奏了这首奏鸣曲的柔板部分

爱德华·哈盖鲁普·格里格(1843—1907)
A 小调钢琴协奏曲 Op.16
抒情小品集 no.1-66
21.情歌 Op.43 no.5(第三册)
27.忧郁 Op.47 no.5(第四册)
58.在摇篮 Op.68 no.5(第九册)
A 小调奏鸣曲(大提琴与钢琴)Op.36

乔治·弗雷德里克·亨德尔(1685—1759)
F 大调组曲
备注:这首作品没有出现在任何现有的音乐会节目单或是评论中,但米凯兰杰利在一次留给评论家多明尼克·吉尔的专访(《音乐与音乐家》,1973 年 6 月)中表示曾于 1946 年在伦敦举行的一场音乐会中弹奏过这首作品。

弗朗茨·约瑟夫·海顿(1732—1809)
G 大调钢琴协奏曲,Hob XVIII/4(第一、第二乐章:尼诺·罗塔的华彩段)
D 大调钢琴协奏曲 Op.21(Hob XVIII/11)
小步舞曲[根据朱塞佩·马尔图奇(1856—1909)的大提琴与钢琴版本,第一组,no.3,进行缩减]
备注:没有具体说明是哪一首小步舞曲

斯蒂芬·海勒(1813—1888)
即兴曲

约瑟夫·祖根(1873—1953)
练习曲(音乐会练习曲两首中的选段,

Op. 65）

备注：没有具体说明米凯兰杰利具体演奏了两首练习曲中的哪一首

弗里茨·克莱斯勒（1875—1962）

维也纳随想曲（由小提琴演奏改编为钢琴独奏版本）

弗朗茨·李斯特（1811—1886）

牧歌（第七首，选自《旅行岁月——瑞士游记》），S. 160

降 E 大调第一钢琴协奏曲 S. 124

死之舞（钢琴及乐队）S. 525（改编自《震怒之日》，亦称《第三钢琴协奏曲》）

E 大调第二波兰舞曲 S. 223

降 E 大调第四匈牙利狂想曲 S. 244

升 C 小调第十二匈牙利狂想曲 S. 244

亚历山德罗·隆哥（1864—1945）

玛祖卡舞曲

路易吉·马南蒂（1899—1980）

响板（钢琴印象）

备注：献给阿尔图罗·贝内代托·米凯兰杰利的一首作品

安德烈-弗朗索瓦·马来斯科蒂（1902—1995）

幻想曲

弗朗哥·马尔戈拉（1908—1992）

升 C 小调钢琴协奏曲 Op. 30 dC 73

备注：献给阿尔图罗·贝内代托·米凯兰杰利的一首作品

第一儿童协奏曲（钢琴与乐队）dC 106

C 大调前奏曲 dC 52

备注：献给阿尔图罗·贝内代托·米凯兰杰利的一首作品

塔兰泰拉舞曲—回旋曲 dC 24

圆舞曲，dC 36

备注：献给阿尔图罗·贝内代托·米凯兰杰利的一首作品

弗兰克·马丁（1890—1974）

钢琴与乐队叙事曲

朱塞佩·马尔图奇（1856—1909）

E 大调浪漫曲

C 小调练习曲 Op. 47

G 小调塔兰泰拉舞曲 Op. 44 no .6

降 E 大调主题变奏曲 Op. 58

查尔斯·迈耶（1799—1862）

塔兰泰拉舞曲（第二首，选自《尤根之花》Op. 121）

费德里科·蒙波（1893—1987）

歌与舞第一首

歌（选自《歌与舞第六首》）

组曲

沃尔夫冈·阿玛多伊斯·莫扎特（1756—1791）

C 大调第十三钢琴协奏曲 KV 415（或 KV 387b）（第一与第三乐章：沃尔夫冈·阿玛多伊斯·莫扎特的华彩乐段）

降 B 大调第十五钢琴协奏曲 KV 450

D 小调第二十钢琴协奏曲 KV 466（第一与第三乐章：路德维希·范·贝多芬的华彩乐段）

A 大调第二十三钢琴协奏曲 KV 488

C 大调第二十五钢琴协奏曲 KV 503（第一乐章：卡米洛·托尼的华彩乐段）

降 E 大调第二钢琴与弦乐四重奏 KV 493

彼得罗·多米尼克·帕拉迪斯（1707—1791）

随想曲

托卡塔

马里奥·佩拉加洛（1910—1996）

第一钢琴与乐队协奏曲

备注：献给阿尔图罗·贝内代托·米凯兰杰利的一首作品

里卡多·皮克-曼贾加利（1882—1949）

急板

曼努埃尔·庞塞（1882—1948）

降 B 大调诗琴组曲（改编为钢琴演奏版本）

备注：这首多年来被认为是雷欧帕德·希尔维斯·怀斯（Leopold Sylvius Weiss，1686—1750）的乐曲，实际出自曼努埃尔·庞塞在塞戈维亚的建议下创作的一首 18 世纪风格的作品，原名为《A

小调古组曲》。

谢尔盖·普罗科菲耶夫(1891—1953)
加沃特舞曲

备注:关于这首作品,我们没有具体信息,米凯兰杰利可能奏于1947伦敦的一场电视独奏音乐会。

谢尔盖·拉赫玛尼诺夫(1873—1943)
G小调第四钢琴协奏曲 Op.40
G小调第五前奏曲(选自《前奏曲十首》Op.23)
G大调第五前奏曲(选自《前奏曲十三首》Op.32)

莫里斯·拉威尔(1875—1937)
G大调钢琴协奏曲
夜之幽灵(改编自阿洛修·贝特朗诗作的三首钢琴交响诗):1. 水妖;2. 绞刑架;3. 幻影
水之嬉戏
高贵而伤感的圆舞曲

奥托里诺·雷斯皮基(1879—1936)
夜曲

卢多维科·龙卡利(1660? —1720?)
帕萨卡利亚舞曲

多米尼克·斯卡拉蒂(1685—1757)
D小调奏鸣曲 Kk.9 (L.413),亦称《牧歌》
C小调奏鸣曲 Kk.11 (L.352)
B小调奏鸣曲 Kk.27 (L.449)
D大调奏鸣曲 Kk.29 (L.461)
D大调奏鸣曲 Kk.96 (L.465),亦称《狩猎》
C大调奏鸣曲 Kk.159 (L.104)
降B大调奏鸣曲 Kk.172 (L.S40)
A大调奏鸣曲 Kk.322 (L.483)
降B大调奏鸣曲 Kk.332 (L.141)

查尔斯·斯卡雷斯(1888—?)
幻想谐谑曲

菲利普·沙尔文卡(1847—1917)
斯拉夫随想曲(大提琴与钢琴)Op.98

阿诺德·勋伯格(1874—1951)
钢琴小品三首 Op.11
钢琴小品六首 Op.19
钢琴组曲 Op.25

弗朗茨·舒伯特(1797—1828)
A大调钢琴奏鸣曲 D. 537, Op. post. 164

罗伯特·舒曼(1810—1856)
少年曲集 Op.68
37. 海员之歌
38. 冬日时光Ⅰ
39. 冬日时光Ⅱ
狂欢节 Op.9 (原名《为钢琴而作的四首狂欢节音乐》)
“四个音符”小品集:1. 前奏;2. 小丑;3. 丑角;4. 高贵圆舞曲;5. 优西比乌斯;6. 弗洛雷斯坦;7. 娇艳女子;8. 尾白;9. 蝴蝶;10. A.S.C.H-S.C.H.A (跳舞的字母);11. 齐娅琳娜;12. 肖邦;13. 埃斯特莱拉;14. 相识;15. 科伦拜恩与潘塔隆;16. 阿勒曼德圆舞曲;17. 帕格尼尼;18. 表白;19. 漫步;20. 休止;21. 大卫同盟进攻腓力斯人进行曲
A小调钢琴协奏曲 Op.54
维也纳狂欢节 Op.26

乔瓦尼·斯甘巴蒂(1841—1914)
富有旋律的练习曲

伊戈尔·斯特拉文斯基(1882—1971)
俄国舞曲(选自《彼得鲁什卡》)

朱塞佩·塔尔蒂尼(1692—1770)
稍缓慢[选自《A大调大提琴弦乐(及管风琴)协奏曲》,由奥莱斯特·拉瓦奈落(1871—1938)创作,大提琴与钢琴的改编版本]

弗洛里德·托梅奥尼(1755—1820)
快板(选自《G大调奏鸣曲》)
赋格(选自某首奏鸣曲)

备注:一些音乐会的节目单将这两首作品的作者写为贝勒格里诺·托梅奥尼(约1729—约1816),也就是弗洛里德的父亲。但与作为键盘乐器音乐创作者的儿子不同,贝勒格里诺只写下了一些圣歌(参见唱片信息第63条)。

费迪南多·加斯帕罗·图里尼（1745—1829）

G小调奏鸣曲第四首（选自献给卡洛·斯皮诺拉的《古钢琴奏鸣曲六首》）

Ⅰ.急板

安东尼奥·维瓦尔第（1675—1741）【或朱塞佩·托雷利（1658—1741）】

B小调钢琴协奏曲［由亚历山德罗·坦布里尼改编自J. S. 巴赫的《键盘乐器协奏曲》BWV 979；也被认为是维瓦尔第（RV 168）或是托雷利的一首协奏曲改编而来］

卡尔·玛里亚·冯·韦伯（1786—1826）

C大调第一奏鸣曲 Op. 24 J. 138

IV. 回旋曲（《无穷动》）

雷欧帕德·希尔维斯·怀斯（1686—1750）

详见曼努埃尔·庞塞（1882—1948）

唱片和录像信息

斯坦法诺·比奥萨编辑

对于米凯兰杰利的追随者而言，若想在今时今日对大师浩瀚如海的唱片资料理清头绪，着实会遇到不小的困难。这些信息涵盖了大师刚出道时的一些演出，比如他在1939年日内瓦国际钢琴大赛声名鹊起时演奏李斯特《第一协奏曲》的广播录音，也包括了两年后他为"大师之声"(La Voce del Padrone)唱片公司录制的最早一批正式唱片，直至他在1993年5月于汉堡举行的最后一场独奏会的动人记录。

同与他亲如兄弟的切利比达克一样，又与其他一些诸如格伦·古尔德(Glenn Gould)和冯·卡拉扬(von Karajan)之类的优秀艺术家不同，阿尔图罗·贝内代托·米凯兰杰利对唱片录制总抱有一种敌对态度。用他自己的话来说，唱片无法重现音乐演奏的精髓，甚至会对它造成一定的扭曲。此外，他从不向金钱弯腰，不会向任何唱片公司妥协。这种强硬的态度使得他多年来放弃的报酬可观的合同不计其数，比如在60年代初，他曾拒绝了飞利浦公司的诱人报价，坚持创立属于他自己的品牌——BDM唱片公司。

此后，因为该唱片公司破产所导致的不幸，米凯兰杰利经历了一段长久的沉寂，将主要精力花在了教学与音乐会演奏上，直到1971年同贝林纳兄弟的德意志留声机唱片公司(Deutsche Grammophon)签下第一份合约。与之建立的合作关系为大师带来了颇多收益,并在此后的二十年时间里呈现了一批历久弥新的唱片。据柯德·嘉本(Cord Garben)回忆,多年来米凯兰杰利始终是各种盗版唱片的受害者,但他仍然孜孜不倦地同盗版进行顽强斗争,因为一些肆无忌惮的发行者、唱片行将他的许多音乐会演奏作品发行至意大利和其他国家,或者将不属于大师的演奏作品录音张冠李戴,比如大热的贝多芬《第四协奏曲》(在二十多年的时间里出现过包括黑胶和CD唱片的各种版本)。如果作品的录制时间与地点都正确,那么在那次演奏中坐在钢琴前的应该是玛利亚·提波(Maria Tipo)。这些未经大师授权的唱片,在70年代初充斥着整个市场,但也为后人对其精湛至极的技艺做出更全面的评价提供了基础。如果没有这些唱片,我们就无法欣赏到他所弹奏的拉威尔《夜之幽灵》中的浓烈诗意以及其他一些重要作品的演奏了。

一些作品至今仍未出版,比如巴赫的《D小调托卡塔与赋格》,拉威尔的《水之嬉戏》以及马里奥·佩拉加洛的《钢琴协奏曲》(大师在1950年时曾多次演奏过这部作品,并由意大利国家广播电台进行了录音与转播)。另一些作品在60年代时偶尔会被插入一些音乐会的节目单,但之后却都被其他作品取代,比如柴科夫斯基的《协奏曲》Op. 23以及卡巴列夫斯基的《协奏曲》Op. 50。在这份经过筛选并更新至2004年10月的唱片信息里,我们收录了大师的最后一批录音。这些录音直到最近才出版,其中包括他与塞尔吉乌·切利比达克合作的为数不多的现场演奏版本——1981年在莫斯科录制的贝多芬《第三协奏曲》。同时,我们删除了所有78转、45转、黑胶、声频录音版本和非卖专辑及唱片,以及我们知晓的未曾出版的广播、电视和私人录音。至于录像信息,在市场上能找到的录像资料虽然不多,却精彩绝伦。其中有最近发行的、记录了1981年卢加诺精彩独奏音乐会的DVD,也有80年代由七弦琴唱片公司(Fonit Cetra)和意大利广播电视公司(Rai TV)联合发行的四组录像带。这批见证了大师非凡钢琴天赋的录像会由英国广播公司(BBC)与欧普斯艺术公司(Opus Art)以DVD版本联合发行。其他一些由意大利广播电视公司在五六十年代里录制的独奏会和音乐会胶片(包括一些CD唱片)则已经消失在公司的档案资料里,无迹可寻。(自2003年起,位于布雷西亚的“阿尔图罗·贝内代托·米凯兰杰利”资料中心在意大利及海外为相关学者和米凯兰杰利音乐爱好者组织放映了一些有关大师的录像资料,这些鲜为人知的录像从未公开发行。)

信息中不妥之处难以避免,真诚期待得到同行以及读者的批评指正。(Email: cdabm@libero. it)

2006年2月于布雷西亚

伊萨克·阿尔贝尼斯(1860—1909)

海湾的浪声,Op. 71 no. 6,选自《旅行的回忆》—米兰,录音室,1942(mx. OBA 4871 IR)

—Angel Classics 64490,Arkadia HP 624. 1, Arkadia 78 563, Artone 222354 -354, Cantus Classics 5. 00173, Classica d'Oro CDO 3005, EMI-Toshiba TOCE 8248/50,EMI Classics CDH 7 64490 2, EMI Classics 7243 5 67041 2, Fono Enterprise 1026, Grammofono 2000 AB 78698, Hommage 7001860 -HOM, Magic Master IMD 37025, Magic Talent CD 48010, Musical Heritage Society 513996F, Nota Blu 93. 5110 3/4, Past Perfect 220017 400, The Piano Library PL 252/55, Warner Fonit 3984 26902 -2

约翰·塞巴斯蒂安·巴赫(1685—1750)

F大调意大利协奏曲,BWV *971*—米兰,录音室,(选自《键盘练习Ⅱ》)1943年1月22日(mx. B 026797, B 026798, B 026799)

—Aura AUR 226 -2, Arkadia HP 624. 1, Arkadia 78 563, Artone 222354 -354, Cantus Classics 5. 00173, Grammofono 2000 AB 78675/76, Historic Collection MM 37042, History 20. 4582 -308, Hommage 7001855 -HOM, Magic Master IMD 37042, Magic Talent CD 48071, Membran 222149 -444, Membran 223042 -321, Past Perfect 220017 400, Pearl GEMMCDS 9086, The Piano Library PL 183, The Piano Library PL 252/55, Sirio SO 5300 -3, Teldec 0630 -13303 -2, Teldec 4509 -93671 -2, TIM - The International Music Company 221472, Warner Special Marketing 0630 13 303 -2 ZK, Warner Special Marketing 4509 93 671 -2 ZS

约翰·塞巴斯蒂安·巴赫—费鲁奇奥·布索尼(1866—1924)

恰空舞曲,BWV 1004,选自《D小调第二小提琴独奏组曲》(由费鲁奇奥·布索尼改编为钢琴版本)—伦敦,埃比路3号录音棚,1948年10月27日(mx.

2EA 13371 -1B, 2EA 13372 -1B, 2EA 13373 -1B, 2EA 13374 -1B)
—Angel Classics 64490, Arkadia 78 563, Artone 222354 - 354, Cantus Classics 5.00173, EMI - Electrola 769 241 -2, EMI Classics 7243 575230 2 8, EMI - HMV 7243 575230 2 8, EMI - HMV 7243 575231 2 7, EMI Classics 7243 575229 2 2, EMI Classics 575700 2, EMI Classics CDH 7 64490 2, EMI Italiana CDM 7 69241 -2, EMI Classics 7243 5 62740 2 0, EMI Classics 7243 562757 2 0, EMI Classics 7243 5 670412, EMI - Toshiba TOCE 8248/50, Membran 222149 - 444, Musical Heritage Society 513996F, Nota Blu 93.51091/2, Past Perfect 220017 400, The Piano Library PL 272, TIM - The International Music Company 221472

恰空舞曲,BWV 1004,选自《D 小调第二小提琴独奏组曲》(由费鲁奇奥·布索尼改编为钢琴版本)—华沙,爱乐音乐厅,1955 年 3 月 13 日
—Altara ALT 1007, Melodram MEL 28019 1/2, Polskie Nagrania PNCD 328

恰空舞曲,BWV 1004,选自《D 小调第二小提琴独奏组曲》(由费鲁奇奥·布索尼改编为钢琴版本)—卢加诺,阿波罗剧院(游乐场)音乐厅,1973 年 5 月 21 日
—Aura AUR 226 -2, Membran 223042 - 321, Music & Arts CD -817, Music & Arts MECD -5002
[见注释(1)]

恰空舞曲,BWV 1004,选自《D 小调第二小提琴独奏组曲》(由费鲁奇奥·布索尼改编为钢琴版本)—布雷根茨,艺术节剧院,1988 年 1 月 15 日
—Aura AUR 206 -2, Aura AUR 2000 -2

路德维希·范·贝多芬(1770—1827)

D 大调钢琴小品,Op. 119 no. 3—波恩,贝多芬音乐厅,1970 年 5 月 6 日
—Living Stage LS 4035176
[见注释(2)]

C 大调第一协奏曲(钢琴与乐队),Op. 15—维也纳,音乐之友协会大厦,金色大厅,1979 年 9 月 21 日—维也纳交响乐团,指挥:卡洛·玛利亚·朱里尼
—DG 419 248 -2, DG 447 643 -2, DG 449 757 -2, DG 469 820 -2, DG F35G 20195

C 大调第三协奏曲(钢琴与乐队),Op. 37—维也纳,音乐之友协会大厦,金色大厅,1979 年 2 月 1 日—维也纳交响乐团,指挥:卡洛·玛利亚·朱里尼
—DG 423 230 -2, DG 447 643 -2, DG 449 757 -2, DG 469 820 -2, DG F35G 20196

C 大调第三协奏曲(钢琴与乐队),Op. 37—慕尼黑,德意志博物馆,国会大厅,可能在 1981 年 3 月 12 日—慕尼黑爱乐乐团,指挥:塞尔吉乌·切利比达克
—Memories Excellence ME1038/39

G 大调第四协奏曲(钢琴与乐队),Op. 58—贝尔格莱德,剧院不详,1973 年 10 月 7 日—贝尔格莱德爱乐乐团,指挥:兹沃金·斯察维奇(被错认阿尔图罗·贝内代托·米凯兰杰利的演奏)
—Exclusive EX92T17, Legend LGD 100
[见注释(3)]

降 E 大调第五协奏曲(钢琴与乐队),Op. 73《皇帝》—日内瓦,维多利亚音乐厅,1942 年 11 月 11 日—瑞士罗曼德管弦乐团,指挥:埃内斯特·安塞美
—Aura AUR 183 -2, Aura AUR 2000 - 2, Ermitage ERM 183 -2, Grammofono 2000 AB 78675/76, Historic Collection MM 37042, Hommage 7001855 -HOM, Magic Master IMD 37042, Magic Talent CD 48071, The Piano Library PL 252/55, The Radio Years R Y 91, Sirio SO 5300 -36. Warner Fonit 398426902 -2

[见注释(4)]
[见注释(5)]

降E大调第五协奏曲(钢琴与乐队),Op. 73《皇帝》—米兰,斯卡拉大剧院,1947年11月24日—R. A. I都灵交响乐团,指挥:马里奥·罗西
—Arkadia HP 609.1, Bella Musica BMCD 31 6001, The Radio Years RY 91

降E大调第五协奏曲(钢琴与乐队),Op. 73《皇帝》—布拉格,可能在市政厅,斯美塔那厅,1957年5月29日—布拉格交响乐团,指挥:瓦兹拉夫·斯美塔契克
—Praga PR 250 021, Praga PR 256 003, Praga – Le Chant du Monde PR 50021

降E大调第五协奏曲(钢琴与乐队),Op. 73《皇帝》—梵蒂冈,教皇宫,祝福厅,1960年4月28日,罗马,R. A. I会堂,1960年5月14日 –R. A. I罗马交响乐团,指挥:马西莫·弗莱齐亚
—Apex 0927 40648 2, Arkadia HP 505.1, Aura AUR 250 –2, Bella Musica BMCD 31.600, Cetra ARCD 02, Cetra CDAR 2006, Fonit Cetra CDO 137, Green Line CD 3CLC 4005, Hommage 7001855 – HOM, Hunt CD 505, Memoria ABM 999.001, Nota Blu 93.5109 1/2, Virtuoso CD 269708 2, Warner Fonit 507635
[见注释(6)]

降E大调第五协奏曲(钢琴与乐队),Op. 73《皇帝》—纽约,爱乐大厅,1966年1月8日—纽约爱乐乐团,指挥:威廉·斯坦伯格
—Memories HR 4368/69, Nuova Era CD 013.6331

降E大调第五协奏曲(钢琴与乐队),Op. 73《皇帝》—贝尔加莫,"加埃塔尼·多尼采蒂"剧院,1966年6月22日—R. A. I米兰交响乐团,指挥:弗朗戈·卡拉奇奥罗
—Discocorp IGI 327

降E大调第五协奏曲(钢琴与乐队),Op. 73《皇帝》—赫尔辛基,文化大楼,1969年5月20日—瑞典广播交响乐团,指挥:塞尔吉乌·切利比达克
—As Disc As 320, Arkadia HP 592.1, Arkadia LE 951.5, As Disc AS 320, «Fachmann fur Klassischer Musik» Society FKM CDR 1 S, Hunt CD 592, Legend LGD 115, Memories Excellence ME1038/39, Notes PGP 11 002

降E大调第五协奏曲(钢琴与乐队),Op. 73《皇帝》—洛桑,市政剧院,1970年—法国广播电视局交响乐团,指挥:让·马第农
—Music & Arts CD –1162
[见注释(6-bis)]

降E大调第五协奏曲(钢琴与乐队),Op. 73《皇帝》—萨格勒布,伊斯特拉大厅,可能在1979年6月—萨格勒布爱乐乐团,指挥:米兰·霍瓦特
—萨格勒布 Cantus and Society 与爱乐乐团支持者(无号码)
[见注释(7)]

降E大调第五协奏曲(钢琴与乐队),Op. 73《皇帝》—巴黎,香榭丽舍剧院,1974年10月16日—法国广播电视局交响乐团,指挥:塞尔吉乌·切利比达克
—Arkadia HP 609.1, Arlecchino ARL A06, Live Classic Best 100 LCB 029, Live Classic Best 100 LCB 115, Memories Excellence ME1018/19, Music & Arts CD –296, Music & Arts CD –4296
[见注释(8)]

降E大调第五协奏曲(钢琴与乐队),Op. 73《皇帝》—维也纳,音乐之友协会大厦,金色大厅,1979年2月1日—维也纳交响乐团,指挥:卡洛·玛利亚·朱里尼
—DG 419 249 –2, DG 447 534 –2, DG 447 643 –2, DG 469 820 –2, DG F35G 20197

降E大调第五协奏曲(钢琴与乐队),Op. 73《皇帝》—地点不详,1983(?)—慕尼黑爱乐乐团,指挥:丹尼尔·巴伦博伊姆(?)
—Galileo GL 5
[见注释(9)]

C大调第三钢琴奏鸣曲,Op. 2 no. 3—米兰,录音室,1941年(mx. 2BA 4668 Ⅲ, 2BA 4669 Ⅲ, 2BA 4670 Ⅱ,2BA 4671 Ⅱ 2BA 4672 Ⅱ,2BA 4673 Ⅱ)
—Angel Classics 64490, Arkadia 78 563, Artone 222354 - 354, Cantus Classics 5.00173, EMI Classics CDH 7 644902, EMI Classics 7243 5 67041 2, EMI - Toshiba TOCE 8248/50, Ermitage France FRERM 69661 -2, Fonit Cetra CDO 506, Fono Enterprise 1026, Grammofono 2000 AB 78698, Hommage 7001855 - HOM, Magic Master IMD 37025, Magic Talent CD 48010, Membran 222149 -444, Musical Heritage Society 513996F, Nota Blu 93.51103/4, Past Perfect 220017 400, The Piano Library PL 252/55, TIM -The International Music Company 221472, Warnet Fonit 3984 26901 -2

C大调第三钢琴奏鸣曲—布宜诺斯艾利斯,科隆大剧院,1949年7月21日
—Aura AUR 217 -2, Aura AUR 2000 -2

C大调第三钢琴奏鸣曲—阿莱佐,"弗朗西斯克·彼得拉克"大厅,1952年2月12日
—Archipel ARPCD 0054, Arkadia GI 903.1, Hunt CD 903

C大调第三钢琴奏鸣曲—华沙,爱乐音乐厅,1955年3月13日
—Altara ALT 1005, Fonit Cetra CDO 525, Melodram MEL 28019 1/2, Polskie Nagrania PNCD 351

C大调第三钢琴奏鸣曲—都灵,意大利广播电视公司录音室,1962年8月
—Ermitage ERM 123 -2, Ermitage ERM 302 - 2, Fonit Cetra-Videorai VRN 2129, Opus Arte OA0939D
[见注释(10)]

C大调第三钢琴奏鸣曲—纽约,卡内基大厅,1966年1月21日
—As Disc AS 330, Legend LGD 120, Notes PGP 11 012

C大调第三钢琴奏鸣曲—多伦多,加拿大广播公司电视演播室,1970年2月24日
—Dreamlife Enterprise DLVC -1090, VAI DVD 4213, VAI VHS HI -FI 69435
[见注释(11)]

C大调第三钢琴奏鸣曲—波恩,贝多芬音乐厅,1970年5月6日
—Living Stage LS 4035176
[见注释(2)]

C大调第三钢琴奏鸣曲—巴黎,普莱耶尔音乐厅,1975年11月11日
—Music & Arts CD -1147

C大调第三钢琴奏鸣曲—梵蒂冈,"皮尔路易吉·内尔维"大厅,1987年6月13日
—Aura AUR 136 -2, Aura AUR 202 -2, Aura AUR 2000 - 2, Memoria ABM 999.001. Memoria ABM 999.105

降E大调第四钢琴奏鸣曲,Op. 7—波恩,贝多芬音乐厅,1970年5月6日
—Living Stage LS 4035176, Music & Arts CD -1162
[见注释(2)]

降E大调第四钢琴奏鸣曲,Op. 7—皇宫区,慕尼黑科学院,议会大厅,1971年7月
—DG 419 248 -2, DG 447 643 -2, DG 457 762 -2, DG 469 820 -2, DG F35G 20195, Philips Classics 456 904 -2

降E大调第四钢琴奏鸣曲,Op. 7—东京,NHK大厅,1973年10月20日
—Cult of Classical Music COCOM 1007S, Joy Classics JOYCD -9026/27

降E大调第四钢琴奏鸣曲,Op. 7—伦敦,皇家节日音乐厅,1982年4月13日
—BBC Legends BBCL 4064 -2.

降B大调第十一钢琴奏鸣曲,Op. 22—巴黎,普莱耶尔音乐厅,1978年11月11日
—Exclusive, EX92T14, Music & Arts CD -1036

降B大调第十一钢琴奏鸣曲,Op. 22—贝索,卢加诺,瑞士意大利广播公司音乐厅,1981年4月7日
—Aura AUR 223 - 2, BMG BVBC -31007, BMG BVCC -37190 -91, EuroArts - TDK 10 5231 9 DV - MPSR, Membran 223042 -321, Poloarts POLO VMB -20022 -4

降A大调第十二钢琴奏鸣曲,Op. 26,亦称《葬礼进行曲》—伯尔尼,伯尔尼广播录音棚,1975年3月17日或18日
—Discocorp IGI 334, MJA 100, Rococo RR 2117

降A大调第十二钢琴奏鸣曲,Op. 26,亦称《葬礼进行曲》—贝索,卢加诺,瑞士意大利广播公司音乐厅,1981年4月7日
—Aura AUR 223 - 2, BMG BVBC -31007,BMG BVCC -37190 -91, EuroArts - TDK 10 5231 9 DV - MPSR, Membran 223042 -321, Poloarts POLO VMB -20022 -4

降A大调第十二钢琴奏鸣曲,Op. 26,亦称《葬礼进行曲》—伦敦,皇家节日音乐厅,1982年4月13日
—BBC Legends BBCL 4064 -2, Exclusive EX92T14, Music & Arts CD -1036

C小调第三十二钢琴奏鸣曲,Op. 111—梅达谷,BBC录音室,1961年5月12日
—BBC Legends BBCL 4128 -2

C小调第三十二钢琴奏鸣曲,Op. 111—皇家节日音乐厅,1961年5月14日
[见注释(12)]
—As Disc AS 330, Legend LGD 120, Memories HR 4368/69, Notes PGP 11 012

C小调第三十二钢琴奏鸣曲,Op. 111—布雷西亚,大剧院,1964年6月22日
—Opus Arts OA0939D
[见注释(12-bis)]

C小调第三十二钢琴奏鸣曲,Op. 111—罗马,录音室,1965年3月4日
—Decca 417 772 -2, Decca KICC 8181
[见注释(13)]

C小调第三十二钢琴奏鸣曲,Op. 111—波恩,贝多芬音乐厅,1970年5月6日
—Living Stage LS 4035176
[见注释(2)]

C小调第三十二钢琴奏鸣曲,Op. 111—布雷根茨,艺术节剧院,1988年1月15日
—Aura AUR 208 -2, Aura AUR 2000 -2

C小调第三十二钢琴奏鸣曲,Op. 111—伦敦,巴比肯艺术中心,1990年5月10日
—Aura AUR 223 -2, Aura AUR 431 -2, Aura AUR 2000 -2, Ermitage ERM 432 -2,Membran 223042 -321

约翰内斯·勃拉姆斯(1833—1897)

叙事曲,Op. 10(D小调第一叙事曲;D大调第二叙事曲;B小调第三叙事曲;B大调第四叙事曲)—卢加诺,阿波罗剧院(游乐场)音乐厅,1973年5月21日
—Aura AUR 224 -2, Membran 223042 -321, Music & Arts CD -817

叙事曲,Op. 10(D小调第一叙事曲;D大

调第二叙事曲;B 小调第三叙事曲;B 大调第四叙事曲)—梵蒂冈,"皮尔路易吉·内尔维"大厅,1977 年 4 月 29 日
—Aura AUR 212 -2, Aura AUR 2000 -2, Ermitage ERM 212 -2

叙事曲,Op. 10(D 小调第一叙事曲;D 大调第二叙事曲;B 小调第三叙事曲;B 大调第四叙事曲)—巴黎,普莱耶尔音乐厅,1978 年 11 月 11 日
—Amadeus AMS 042 -043 -2

叙事曲,Op. 10(D 小调第一叙事曲;D 大调第二叙事曲;B 小调第三叙事曲;B 大调第四叙事曲)—布雷西亚,大剧院,1980 年 6 月 16 日
—Musicom - Intesa MC 9919/20

叙事曲,Op. 10(D 小调第一叙事曲;D 大调第二叙事曲;B 小调第三叙事曲;B 大调第四叙事曲)—哈堡,汉堡,弗里德里希·艾伯特大厅,1981 年 2 月 18 日 - 28 日
—DG 400 043 -2, DG 447 643 -2 DG 457 762 -2, DG 469 820 -2, DG F35G50143, DG - EVA, DG - ZECCHINI CDA 0001, Philips Classics 456 904 -2
[见注释(14)]

叙事曲,Op. 10(D 小调第一叙事曲;D 大调第二叙事曲;B 小调第三叙事曲;B 大调第四叙事曲)—贝索,卢加诺瑞士意大利广播公司,1981 年 4 月 7 日
—Aura AUR 219 -2, Aura AUR 2000 -2, BMG BVBC -31007, BMG BVCC -37190 -91, EuroArts - TDK 10 5231 9 DV - MPSR, Poloarts POLO VMB -20022 -4

A 小调帕格尼尼主题变奏曲(练习曲)Op. 35(以《A 小调小提琴独奏随想曲》为基础)—伦敦,埃比路 3 号录音棚,1948 年 10 月 26 日(mx. 2EA 13367 -1D, 2EA 13368 -1D, 2EA 13369 -2B, 2EA 13370 -1E)
—Andromeda ANDRCD 5019, Angel Classics 64490, Arkadia 78 563, EMI Classics 7243 575230 2 8, EMI - Electrola 769 241 -2, EMI Classics 7243 5 62740 20, EMI Classics 7243 5 62757 2 0, EMI Classics 7243 575229 2 2, EMI Classics 575700 2, EMI Classics CDH 7 644902, EMI Italiana CDM 7 69241 -2, EMI Classics 7243 5 67041 2, EMI - Toshiba TOCE 8248/50, Membran 222149 -444, Musical Heritage Society 513996F, Nota Blu 93. 5110 3/4, Past Perfect 220017 400, Philips Classics 456 904 -2, The Piano Library PL 272
[见注释(15)]

A 小调帕格尼尼主题变奏曲(练习曲)Op. 35(以《A 小调小提琴独奏随想曲》为基础—阿莱佐,"弗朗西斯克·彼得拉克"大厅,1952 年 2 月 12 日
—Archipel ARPCD 0054, Arkadia GI 903. 1, Hunt CD 903
[见注释(16)]

A 小调帕格尼尼主题变奏曲(练习曲)Op. 35(以《A 小调小提琴独奏随想曲》为基础—华沙,爱乐音乐厅,1955 年 3 月 15 日
—Altara ALT 1007, Fonit Cetra CDO 525, Melodram MEL 28019 1/2, Polskie Nagrania PNCD 328
[见注释(17)]

A 小调帕格尼尼主题变奏曲(练习曲)Op. 35(以《A 小调小提琴独奏随想曲》为基础—卢加诺,阿波罗剧院(游乐场)音乐厅,1973 年 5 月 21 日
—Aura AUR 224 -2, Membran 223042 -321, Music & Arts CD -817
[见注释(18)]

A 小调帕格尼尼主题变奏曲(练习曲)Op. 35(以《A 小调小提琴独奏随想曲》为基础—布雷根茨,艺术节剧院,1988. 1. 15
—Aura AUR 206 -2, Aura AUR 2000 -2

[见注释(19)]

弗雷德里克·肖邦(1810—1849)

G大调平稳的行板和降E大调辉煌的大波洛奈兹舞曲,Op. 22 no. 58—布宜诺斯艾利斯,科隆大剧院,1949年7月21日
—Aura AUR 217 -2, Aura AUR 2000 -2

G大调平稳的行板和降E大调辉煌的大波洛奈兹舞曲,Op. 22 no. 58—都灵,意大利广播电视公司录音室,1962年8~9月
—Aura AUR 135 -2, Classic Editions CO 3538, Ermitage ERM 122 -2, Ermitage ERM 301 -2, Fonit Cetra CDE 1021, Fonit Cetra-Videorai VRN 2131, Music & Arts CD -924, Opus Arts OA0940D, Past Perfect 205830 303
[见注释(10)]

G大调平稳的行板和降E大调辉煌的大波洛奈兹舞曲,Op. 22 no. 58—布雷西亚,大剧院,1967年6月23日
—Fonè 90 F 32

G大调平稳的行板和降E大调辉煌的大波洛奈兹舞曲,Op. 22 no. 58—普拉托,梅塔斯塔齐奥剧院,1967年6月28日
—Diapason DRCD 69

G大调平稳的行板和降E大调辉煌的大波洛奈兹舞曲,Op. 22 no. 58—布雷根茨,艺术节剧院,1985年3月20日
—Aura AUR 211 -2, Aura AUR 221 -2, Aura AUR 2000 -2, Membran 223042 -321
[见注释(20)]

G大调平稳的行板和降E大调辉煌的大波洛奈兹舞曲,Op. 22 no. 58—梵蒂冈,"皮尔路易吉·内尔维"大厅,1987年6月13日
—Amadeus AMS 042 -043 -2, Aura AUR 204 -2, Aura AUR 2000 -2, Memoria ABM 999.001, Memoria ABM 999.105

G大调平稳的行板和降E大调辉煌的大波洛奈兹舞曲,Op. 22 no. 58—伦敦,巴比肯艺术中心,1990年5月10日
—Aura AUR 431 -2, Aura AUR 2000 -2, Ermitage ERM 432 -2

G小调第一叙事曲,Op. 23—伦敦,皇家节日音乐厅,1957年3月4日
—Testament SBT 2088

G小调第一叙事曲,Op. 23—布拉格,可能在鲁道夫音乐厅,德沃拉科娃厅,1957年5月30日
—Praga PR 250 042, Praga PR 256 003

G小调第一叙事曲,Op. 23—都灵,意大利广播电视公司录音室,1962年8~9月
—Apex 0927 40647 2, Aura AUR 135 -2, Cetra ARCD 01, Cetra CDAR 2002, Classic Editions CO 3538, Classica d'Oro CDO 3024, Ermitage ERM 122 -2, Ermitage ERM 301 -2, Fonit Cetra CDE 1021, Fonit Cetra CDO 122, Fonit Cetra-Videorai VRN 2131, Hommage 7001859 - HOM, Music & Arts CD -924, Opus Arts OA0940D
[见注释(21)]

G小调第一叙事曲,Op. 23—布雷西亚,大剧院,1967年6月23日
—Aura AUR 208 -2, Aura AUR 2000 -2, Fonè 90 F 32

G小调第一叙事曲,Op. 23—普拉托,梅塔斯塔齐奥剧院,1967年6月28日
—Diapason DRCD 69

G小调第一叙事曲,Op. 23—皇宫区,慕尼黑科学院,议会大厅,1971年10月
—DG 413 449 -2, DG 447 643 -2, DG 469 820 - 2, DG F35G 50169, DG POCG 1228

G小调第一叙事曲,Op. 23—布雷根茨,艺

术节剧院,1985 年 3 月 20 日
—Aura AUR 211 −2, Aura AUR 221 −2, Aura AUR 2000 −2, Ermitage ERM 211 −2, Membran 223042 −321
[见注释(22)]

降 D 大调摇篮曲,Op. 57—米兰,录音室,1942 年 9 月 9 日(mx. 026795)
—Arkadia HP 624. 1, Artone 222354 −354, Cantus Classics 5. 00173, Grammofono 2000 AB 78675/76, Historic Collection MM 37042, Hommage 7001859 −HOM, Magic Master IMD 37042, Magic Talent CD 48071, Membran 222149 −444, Past Perfect 220017 400, Pearl GEMMCDS 9086, The Piano Library PL 183, The Piano Library PL 252/55, Sirio SO 5300 −3, Teldec 4509 −93671 −2, Teldec 0630 −13303 −2, Warner Special Marketing 0630 13303 −2 ZK, Warner Special Marketing 4509 93 671 −2 ZS

降 D 大调摇篮曲,Op. 57—都灵,意大利广播电视公司录音室,1962 年 8 ~9 月
—Aura AUR 135 −2, Aura AUR 204 −2, Aura AUR 221 −2, Aura AUR 2000 −2, Ermitage ERM 122 −2, Ermitage ERM 301 −2, Fonit Cetra-Videorai VRN 2131, Membran 223042 −321, Music & Arts CD −924, Opus Arts OA0940D
[见注释(10)]

F 小调幻想曲,Op. 49—伦敦,皇家节日音乐厅,1957 年 3 月 4 日
—Testament SBT 2088

F 小调幻想曲,Op. 49—都灵,意大利广播电视公司录音室,1962 年 8 ~9 月
—Apex 0927 40647 2, Cetra ARCD 01, Cetra CDAR 2002, Ermitage ERM 123 −2, Ermitage ERM 301 −2, Fonit Cetra CDE 1042, Fonit Cetra CDO 122, Fonit Cetra-Videorai VRN 2130, History 20. 3069 − 306, Hommage 7001860 −HOM, Music & Arts CD −817, Music & Arts CD −924, Opus Arte OA0940D
[见注释(10)]

F 小调幻想曲,Op. 49—普拉托,梅塔斯塔齐奥剧院,1967 年 6 月 28 日
—Diapason DRCD 69

F 小调幻想曲,Op. 49—布雷根茨,艺术节剧院,1985 年 3 月 20 日
—Aura AUR 136 −2, Aura AUR 211 −2, Aura AUR 227 −2, Aura AUR 2000 −2, Ermitage ERM 211 −2, Membran 223042 −321
[见注释(22)]

B 小调第十九玛祖卡舞曲,Op. 30 no. 2—皇宫区,慕尼黑科学院,议会大厅,1971 年 10 月
—DG 413 449 −2, DG 447 643 −2, DG 469 820 −2, DG F35G 50169, DG POCG1228, Philips Classics 456 904 −2

降 D 大调第二十玛祖卡舞曲,Op. 30 no. 3—都灵,意大利国家广播电视录音棚,1962 年 8 ~9 月
—Apex 0927 40647 2, Aura AUR 135 −2, Aura AUR 204 −2, Aura AUR 2000 −2, Cetra ARCD 01, Cetra CDAR 2002, Classic Editions CO 3538, Classica d'Oro CDO 3024, Ermitage ERM 122 −2, Ermitage ERM 301 −2, Fonit Cetra CDE 1042, Fonit Cetra CDO 122, Fonit Cetra-Videorai VRN 2131, Hommage 7001859 − HOM, Music & Arts CD −924, Opus Arte OA0940D
[见注释(10)]

降 D 大调第二十玛祖卡舞曲,Op. 30 no. 3—布雷西亚,大剧院,1967 年 6 月 23 日
—Aura AUR 208 −2, Aura AUR 227 −2, Aura AUR 2000 −2, Fonè 90 F 32, Membran 223042 −321

降 D 大调第二十玛祖卡舞曲,Op. 30 no. 3—皇宫区,慕尼黑科学院,议会大厅,1971 年 10 月

—DG 413 449 −2, DG 447 643 −2, DG 469 820 − 2, DG F35G 50169, DG POCG1228, Philips Classics 456 904 −2

升G小调第二十二玛祖卡舞曲, Op. 33 no. 1—布雷西亚,大剧院,1967年6月23日
—Aura AUR 208 −2, Aura AUR 227 −2, Aura AUR 2000 − 2, Fonè 90 F 32, Membran 223042 −321
[见注释(23)]

升G小调第二十二玛祖卡舞曲, Op. 33 no. 1—皇宫区,慕尼黑科学院,议会大厅,1971年10月
—DG 413 449 −2, DG 447 643 −2, DG 469 820 − 2, DG F35G 50169, DG POCG 1228, Philips Classics 456 904 −2

B小调第二十五玛祖卡舞曲, Op. 33 no. 4—米兰,录音室,1942年9月9日(mx. 026796)
—Arkadia HP 624. 1, Artone 222354 − 354, Cantus Classics 5. 00173, Grammofono 2000 AB 78675/76, Historic Collection MM 37042, Hommage 7001859 − HOM, Magic Master IMD 37042, Magic Talent CD 48071, Membran 222149 − 444, Past Perfect 220017 400, Pearl GEMMCDS 9086, The Piano Library PL 183, The Piano Library PL 252/55, Sirio SO 5300 −3, Teldec 4509 −93671 −2, Teldec 0630 −13303 −2, Warner Special Marketing 0630 13303 − 2 ZK, Warner Special Marketing 4509 93 671 −2 ZS

B小调第二十五玛祖卡舞曲, Op. 33 no. 4—布宜诺斯艾利斯, 科隆大剧院,1949年7月21日
—Aura AUR 217 −2, Aura AUR 2000 −2

B小调第二十五玛祖卡舞曲, Op. 33 no. 4—都灵,意大利国家广播电视录音棚,1962年8~9月
—Apex 0927 40647 2, Aura AUR 135 −2, Aura AUR 204 −2, Aura AUR 2000 −2, Cetra ARCD 01, Cetra CDAR 2002, Classic Editions CO 3538, Classica d'Oro CDO 3024, Ermitage ERM 122 −2, Ermitage ERM 301 −2, Fonit Cetra CDE 1042, Fonit Cetra CDO 122, Fonit Cetra-Videorai VRN 2131, History 20. 3169 − 306, Hommage 7001859 − HOM, Music & Arts CD − 924, Opus Arte OA0940D
[见注释(10)]

B小调第二十五玛祖卡舞曲, Op. 33 no. 4—布雷西亚, 大剧院, 1967年6月23日
—Aura AUR 208 −2, Aura AUR 2000 − 2, Fonè 90 F 32

B小调第二十五玛祖卡舞曲, Op. 33 no. 4—皇宫区,慕尼黑科学院,议会大厅,1971年10月
—DG 413 449 −2, DG 447 643 −2, DG 469 820 − 2, DG F35G 50169, DG POCG 1228, DG − EVA, DG − ZECCHINI CDA 0001, Philips Classics 456 904 −2

B小调第二十五玛祖卡舞曲, Op. 33 no. 4—布雷根茨,艺术节剧院,1985年3月20日
—Aura AUR 211 −2, Aura AUR 2000 − 2, Ermitage ERM 211 −2
[见注释(20)]

B小调第二十五玛祖卡舞曲, Op. 33 no. 4—伦敦,巴比肯艺术中心,1990年5月10日
—Aura AUR 227 −2, Aura AUR 431 −2, Aura AUR 2000 −2, Ermitage ERM 432 −2, Membran 223042 −321

B小调第二十五玛祖卡舞曲, Op. 33 no. 4—慕尼黑,嘉斯台大厅,1992年6月5日
—Galileo GL 2

降A大调第二十八玛祖卡舞曲, Op. 41

no. 3—布雷西亚，大剧院，1967 年 6 月 23 日
—Aura AUR 208 –2，Aura AUR 227 –2，Aura AUR 2000 –2，Fonè 90 F 32，Membran 223042 –321
［见注释(24)］

C 大调第三十四玛祖卡舞曲，Op. 56 no. 2—皇宫区，慕尼黑科学院，议会大厅，1971 年 10 月
—DG 413 449 –2，DG 447 643 –2，DG 469 820 –2，DG F35G 50169，DG POCG 1228，Philips Classics 456 904 –2

升 F 小调第三十八玛祖卡舞曲，Op. 59 no. 3—布雷西亚，大剧院，1967 年 6 月 23 日
—Aura AUR 208 –2，Aura AUR 221 –2，Aura AUR 2000 –2，Fonè 90 F 32，Membran 223042 –321

G 小调第四十三玛祖卡舞曲，Op. 67 no. 2—皇宫区，慕尼黑科学院，议会大厅，1971 年 10 月
—DG 413 449 –2，DG 447 643 –2，DG 469 820 –2，DG F35G 50169，DG POCG 1228，Philips Classics 456 904 –2

G 小调第四十三玛祖卡舞曲，Op. 67 no. 2—布雷根茨，艺术节剧院，1985 年 3 月 20 日
—Aura Music AUR 211 –2，Aura Music AUR 227 –2，Aura Music AUR 2000 –2，Ermitage ERM 211 –2，Membran 223042 –321
［见注释(20)］

G 小调第四十三玛祖卡舞曲，Op. 67 no. 2—慕尼黑，嘉斯台大厅，1992 年 6 月 5 日
—Galileo GL 2

A 小调第四十五玛祖卡舞曲，Op. 67 no. 4—皇宫区，慕尼黑科学院，议会大厅，1971 年 10 月
—DG 413 449 –2，DG 447 643 –2，DG 469 820 –2，DG F35G 50169，DG POCG 1228，Philips Classics 456 904 –2

C 大调第四十六玛祖卡舞曲，Op. 68 no. 1—皇宫区，慕尼黑科学院，议会大厅，1971 年 10 月
—DG 413 449 –2，DG 447 643 –2，DG 469 820 –2，DG F35G 50169，DG POCG 1228，Philips Classics 456 904 –2

A 小调第四十七玛祖卡舞曲，Op. 68 no. 2—米兰，录音室，1941 年（mx. OBA 3535）
—Artone 222354 –354，Aura AUR 183 –2，Aura AUR 2000 –2，Cantus Classics 5. 00173，Classics d'Oro CDO 3005，EMI Classics 7243 5 67041 2，EMI – Toshiba TOCE 8248/50，Ermitage ERM 183 –2，Ermitage France FRERM 69661 –2，Fono Enterprise 1026，Historic Collection MM 37007，Hommage 7001859 –HOM，lron Needle IN 1409，Istituto Discografico Italiano IDIS 337，Magic Master IMD 37007，Magic Talent CD 48050，Membran 222149 – 444，Past Perfect 220017 400，The Piano Library PL 252/55，TIM –The International Music Company 221472，Warner Fonit 3984 26902 –2
［见注释(10)］

A 小调第四十七玛祖卡舞曲，Op. 68 no. 2—科隆大剧院，1949 年 7 月 21 日
—Aura AUR 217 –2，Aura AUR 2000 –2

A 小调第四十七玛祖卡舞曲，Op. 68 no. 2—都灵，意大利广播电视公司录音室，1962 年 8 ~ 9 月
—Apex 0927 40647 2，Aura AUR 135 –2，Aura AUR 204 –2，Aura AUR 227 –2，Aura AUR 2000 –2，Cetra ARCD 01，Cetra CDAR 2002，Classic Editions CO 3538，Classica d'Oro CDO 3024，Ermitage ERM 122 –2，Ermitage ERM 301 –2，Fonit Cetra CDE 1042，Fonit CetraVideorai VRN 2131，History 20. 3169 –

306, Hommage 7001859 -HOM, Membran 223042 -321, Music & Arts CD -924, Opus Arte OA0940D

A小调第四十七玛祖卡舞曲, Op. 68 no. 2—皇宫区,慕尼黑科学院,议会大厅,1971年10月
—DG 413 449 -2, DG 447 643 -2, DG 469 820 -2, DG F35G 50169, DG POCG 1228, Philips Classics 456 904 -2

F小调第四十九玛祖卡舞曲, Op. 68 no. 4《未完成》—布雷西亚,大剧院,1967年6月23日
—Aura AUR 208 -2, Aura AUR 227 -2, Aura AUR 2000 -2, Fonè 90 F 32, Membran 223042 -321

F小调第四十九玛祖卡舞曲, Op. 68 no. 4《未完成》—皇宫区,慕尼黑科学院,议会大厅,1971年10月
—DG 413 449 -2, DG 447 643 -2, DG 469 820 -2, DG F35G 50169, DG POCG 1228, Philips Classics 456 904 -2

升C小调第二十五前奏曲, Op. 45—普拉托,梅塔斯塔齐奥剧院,1967年6月28日
—Diapason DRCD 69

升C小调第二十五前奏曲, Op. 45—皇宫区,慕尼黑科学院,议会大厅,1971年10月
—DG 413 449 -2, DG 447 643 -2, DG 469 820 -2, DG F35G 50169, DG POCG 1228

B小调第一谐谑曲, Op. 20—布雷根茨,艺术节剧院,1988年1月15日
—Aura AUR 206 -2, Aura AUR 2000 -2

B小调第一谐谑曲, Op. 20—伦敦,巴比肯艺术中心,1990年5月10日
—Aura AUR 227 -2, Aura AUR 431 -2, Aura AUR 2000 -2, Ermitage ERM 432 -2, Membran 223042 -321

降B小调谐谑曲, Op. 31—米兰,录音室,1941年(mx. 2BA. 3618, 2BA. 3619)
—Angel 8047, Artone 222354 -354, Aura AUR 183 -2, Aura AUR 2000 -2, Cantus Classics 5. 00173, Classica d'Oro 3005, EMI -Toshiba TOCE 8248/50, Ermitage ERM 183 -2, Ermitage France FRERM 69661 -2, Fono Enterprise 1026, Historic Collection MM 37007, Hommage 7001860 -HOM, Iron Needle IN 1409, Istituto Discografico Italiano IDIS 337, Magic Master IMD 37007, Magic Talent CD 48050, Membran 222149 -444, Past Perfect 220017 400, The Piano Library PL 252/55, TIM -The International Music Company 221472, Warner Fonit 3984 26902 -2

降B小调谐谑曲, Op. 31—都灵,意大利广播电视公司录音室,1962年8~9月
—Apex 0927 40647 2, Aura AUR 135 -2, Cetra ARCD 01, Cetra CDAR 2002, Classic Editions CO 3538, Ermitage ERM 122 -2, Ermitage ERM 303 -2, Fonit Cetra CDE 1021, Fonit Cetra CDO 122, Fonit Cetra-Videorai VRN 2131, History 20. 3169 -306, Hommage 7001860 -HOM, Music & Arts CD -924, Opus Arts OA0940D
[见注释(21)]

降B小调谐谑曲, Op. 31—皇宫区,慕尼黑科学院,议会大厅,1971年10月
—DG 413 449 -2, DG 447 643 -2, DG 469 820 -2, DG F35G 50169, DG POCG 1228

降B小调谐谑曲, Op. 31—布雷根茨,艺术节剧院,1985年3月20日
—Aura AUR 211 -2, Aura AUR 221 -2, Aura AUR 2000 -2, Ermitage ERM 211 -2, Membran 223042 -321
[见注释(20)]

降B小调第二奏鸣曲, Op. 35《葬礼进行曲》—阿莱佐,"弗朗西斯克·彼得拉

克”大厅,1952 年 2 月 12 日
—Archipel ARPCD 0054, Arkadia GI 903.1, Hunt CD 903

降 B 小调第二奏鸣曲,Op. 35《葬礼进行曲》—梅达谷,伦敦,BBC 录音室,1959 年 6 月 30 日
—BBC Legends BBCL 4128 –2, Music & Arts CD –955, Music & Arts CD –4955

降 B 小调第二奏鸣曲,Op. 35《葬礼进行曲》—布拉格,可能在鲁道夫音乐厅,德沃拉科娃厅,1960 年 5 月 20 日
—Praga PR 250 042, Praga PR 256 003
[见注释(25)]

降 B 小调第二奏鸣曲,Op. 35《葬礼进行曲》—都灵,意大利广播电视公司录音室,1962 年 8 ~9 月
—Fonit Cetra-Videorai VRN 2130, MJA 100, Opus Arte OA0940D

降 B 小调第二奏鸣曲,Op. 35《葬礼进行曲》—布雷西亚,大剧院,1967 年 6 月 23 日
—Fonè 90 F 32

降 B 小调第二奏鸣曲,Op. 35《葬礼进行曲》—普拉托,梅塔斯塔齐奥剧院,1967 年 6 月 28 日
—Diapason DRCD 69

降 B 小调第二奏鸣曲,Op. 35《葬礼进行曲》—卢加诺,阿波罗剧院(游乐场)音乐厅,1968 年 6 月 4 日
—Aura AUR 221 –2, Membran 223042 –321

降 B 小调第二奏鸣曲,Op. 35《葬礼进行曲》—东京,艺术剧场,1973 年 10 月 29 日
—Cult of Classical Music COCOM 1007 S, Exclusive EX92T14, Legend LGD 100, Music & Arts CD – 1036, Joy Classics JOYCD 9026/27

降 B 小调第二奏鸣曲,Op. 35《葬礼进行曲》—梵蒂冈,“皮尔路易吉 · 内尔维”大厅,1977 年 4 月 29 日
—Aura AUR 212 –2, Aura AUR 2000 – 2, Ermitage ERM 212 –2

降 B 小调第二奏鸣曲,Op. 35《葬礼进行曲》—布雷西亚,大剧院,1980 年 6 月 16 日
—Musicom-Intesa MC 9919/20

降 A 大调第二辉煌圆舞曲,Op. 34 no. 1—都灵,意大利广播电视公司录音室,1962 年 9 月 21 日
—Apex 0927 40647 2, Aura AUR 135 –2, Aura AUR 204 –2, Aura AUR 227 –2, Aura AUR 2000 –2, Cetra ARCD 01, Cetra CDAR 2002, Classic Editions CO3538, Ermitage ERM 122 –2, Ermitage ERM 303 – 2, Fonit Cetra CDE 1042, Fonit Cetra CDM 2040, Fonit Cetra CDO 122, Fonit Cetra-Videorai VRN 2130, Hommage 7001859 – HOM, Membran 223042 – 321, Music & Arts CD –817, Music & Arts CD –924, Opus Arte OA0940D
[见注释(10)]

A 小调第三圆舞曲,Op. 34 no. 2—布雷根茨,艺术节剧院,1988 年 1 月 15 日
—Aura AUR 206 –2, Aura AUR 227 –2, Aura AUR 2000 –2, Membran 223042 –321

降 A 大调第九圆舞曲,Op. post. 69 no. 1,亦称《告别圆舞曲》—米兰,录音室,1941 年(mx. OBA 3536)
—Artone 222354 –354, Aura AUR 183 – 2, Aura AUR 2000 –2, Cantus Classics 5.00173, Classica d’Oro CDO 3005, Ermitage ERM 183 – 2, Ermitage France FRERM 69661 – 2, Fono Enterprise 1026, Hommage 7001859 –HOM, Iron Needle IN 1409, Istituto Discografico Italiano IDIS 337, Magic Talent CD 48050, Membran 222149 – 444, Past Perfect

220017 400, The Piano Library PL 252/55, TIM – The International Music Company 221472

降A大调第九圆舞曲,Op. post. 69 no. 1,亦称《告别圆舞曲》—都灵,意大利广播电视公司录音室,1962年9月21日
—Apex 0927 40647 2, Aura AUR 135 –2, Aura AUR 204 –2, Aura AUR 227 –2, Aura AUR 2000 –2, Cetra ARCD 01, Cetra CDAR 2002, Classic Editions CO 3538, Classica d'Oro CDO 3024, Ermitage ERM 122 –2, Ermitage ERM 302 –2, Fonit Cetra CDE 1042, Fonit Cetra CDM 2040, Fonit Cetra CDO 122, Fonit Cetra-Videorai VRN 2130, History 20. 3169 – 306, Hommage 7001859 – HOM, Membran 223042 –321, Music & Arts CD –817, Music & Arts CD –924, Opus Arte OA0940D
[见注释(10)]

降E大调第十七圆舞曲,Op. postuma no. 4—华沙,爱乐音乐厅,1955年3月13日
—Altara ALT 1005, Claque CD GM 1001, Fonit Cetra CDO 525, Melodram MEL 28019, Polskie Nagrania PNCD 351

降E大调第十七圆舞曲,Op. postuma no. 4—伦敦,皇家节日音乐厅,1957年3月4日
—Testament SBT 2088

降E大调第十七圆舞曲,Op. postuma no. 4—都灵,意大利广播电视公司录音室,1962年9月21日
—Apex 0927 40647 2, Aura AUR 135 –2, Aura AUR 204 –2, Aura AUR 221 –2, Aura AUR 2000 –2, Cetra ARCD 01, Cetra CDAR 2002, Classic Editions CO 3538, Classica d'Oro CDO 3024, Ermitage ERM 122 –2, Ermitage ERM 302 –2, Fonit Cetra CDE 1042, Fonit Cetra CDM 2040, Fonit Cetra CDO 122, Fonit Cetra-Videorai VRN 2130, Hommage 7001859 – HOM, Membran 223042 – 321, Music & Arts CD –817, Music & Arts CD –924, Opus Arte OA0940D

降E大调第十七圆舞曲,Op. postuma no. 4—布雷西亚,大剧院,1980年6月16日
—MusicomIntesa MC 9919/20

穆齐奥·克莱门蒂(1752—1832)

降B大调奏鸣曲,Op. 12 no. 1 Ⅰ. 急板 Ⅱ. 富有表现力的小广板 Ⅲ. 小快板—梅达谷,伦敦,BBC录音室,1959年6月30日
—BBC Legends BBCL 4128 –2, Music & Arts CD –955. Music & Arts CD –4955
[见注释(26)]

克洛德·德彪西(1862—1918)

儿童乐园(钢琴独奏组曲)—都灵,意大利广播电视公司录音室,1962年8月13日
—Apex 0927 40649 2, Cetra ARCD 02, Cetra CDAR 2005, Fonit Cetra CDE 1048, Fonit Cetra CDO 126, Fonit Cetra-Videorai VRN 2132, History 20. 3169 – 306, Hommage 7001851 – HOM, Opus Arte OA0941D, Warner Special Marketing 0927 40 649 –2
[见注释(10)]

儿童乐园(钢琴独奏组曲)—卢加诺,阿波罗剧院(游乐场)音乐厅,1968年6月4日
—Aura AUR 225 –2, Memories HR 4368/69, Nuova Era CD 2218, Membran 223042 –321

儿童乐园(钢琴独奏组曲)—皇宫区,慕尼黑科学院,议会大厅,1971年7月
—DG 415 372 –2, DG 447 643 –2, DG 449 438 –2, DG 459 033 –2, DG 469 820 –2, DG F35G 50343, DG POCG –1121

儿童乐园(钢琴独奏组曲)—汉堡,汉堡音乐厅,1993年5月7日
—Memoria ABM 999.101
[见注释(27)]
[见注释(28)]

六首古代墓志铭,L.131(钢琴二手及四手联弹)—地点与日期不详
—Chin Pei CP.1153
[见注释(29)]

意象第一集(钢琴二手联弹)L.110
Ⅰ.水中倒影—米兰,录音室,1941年(mx.2EA 13375 -1C)
—Artone 222354 -354, Aura AUR 183 -2, Aura AUR 2000 -2, Cantus Classics 5.00173, Classica d'Oro CDO 3005, EMI Classics 7243 5 67041 2, EMI - Toshiba TOCE 8248/50, Ermitage ERM 183 -2, Ermitage France FRERM 69661 -2, Fono Enterprise 1026, Historic Collection MM 37007, Hommage 7001851 - HOM, Iron Needle IN 1409, Magic Master IMD 37007, Magic Talent CD 48050, Past Perfect 220017 400, The Piano Library PL 252/55, Warner Fonit 3984 26902 -2

意象第一集(钢琴二手联弹)L.110
Ⅱ.向拉莫致敬—华沙,爱乐音乐厅,1955年3月13日
—Altara ALT 1005, Fonit Cetra CDO 525, Melodram MEL 280191/2, Polskie Nagrania PNCD 351

意象第一集(钢琴二手联弹)L.110
Ⅰ.水中倒影;Ⅱ.向拉莫致敬—伦敦,皇家节日音乐厅,1957年3月4日(音乐会当天下午进行的彩排)
—Testament SBT 2088
[见注释(30)]

意象第一集(钢琴二手联弹)L.110
Ⅰ.水中倒影;Ⅱ.向拉莫致敬—伦敦,皇家节日音乐厅,1957年3月4日
—Testament SBT 2088

意象第一集(钢琴二手联弹)L.110
Ⅰ.水中倒影;Ⅱ.向拉莫致敬;Ⅲ.无穷动—都灵,意大利广播电视公司录音室,1962年8月13日
—Apex 0927 40649 2, Brilliant Classics 99232, Cetra ARCD 02, Cetra CDAR 2005, Classica d'Oro CDO 3024, Ermitage ERM 123 -2, Ermitage ERM 303 -2, Fonit Cetra CDE 1048, Fonit Cetra CDO 126, Fonit Cetra-Videorai VRN 2132, History 20.3169 -306, Hommage 7001851 -HOM, Opus Arte OA0941D, Warner Special Marketing 0927 40 649 -2
[见注释(10)]

意象第一集(钢琴二手联弹)L.110
Ⅰ.水中倒影;Ⅱ.向拉莫致敬;Ⅲ.无穷动—赫尔辛基,文化大楼,1969年5月22日
—Aura AUR 218 -2, Aura AUR 2000 -2

意象第一集(钢琴二手联弹)L.110
Ⅰ.水中倒影;Ⅱ.向拉莫致敬;Ⅲ.无穷动—皇宫区,慕尼黑科学院,议会大厅,1971年7月
—DG 415 372 -2, DG 447 643 -2, DG 449 438 -2, DG 459 033 -2, DG 469 820 -2, DG F35G 50168, DG F35G 50343, DG POCG -1121, DG POCD -50078 2, DG FUCCG -7078, Philips Classics 456 901 -22

意象第一集(钢琴二手联弹)L.110
Ⅰ.水中倒影;Ⅱ.向拉莫致敬—伯尔尼,伯尔尼广播录音棚,1975年3月17或18日
—Theatre 400 353 -5

意象第一集(钢琴二手联弹)L.110
Ⅱ.向拉莫致敬—伦敦,皇家节日音乐厅,1982年4月13日
—BBC Legends BBCL 4064 -2

意象第一集(钢琴二手联弹)L.110
Ⅰ.水中倒影;Ⅱ.向拉莫致敬;Ⅲ.无穷

动—梵蒂冈,“皮尔路易吉·内尔维”大厅,1987年6月13日
—Aura AUR 136 -2, Aura AUR 202 -2, Aura AUR 225 -2, Aura AUR 2000 -2, Membran 223042 - 321, Memoria ABM 999.001

意象第一集(钢琴二手联弹)L.110
Ⅰ.水中倒影;Ⅱ.向拉莫致敬;Ⅲ.无穷动—汉堡,汉堡音乐厅,1993年5月7日
—Memoria ABM 999.101
[见注释(28)]

意象第二集(钢琴独奏)L.111
Ⅰ.林间钟声—皇家节日音乐厅,1957年3月4日(音乐会当天下午的彩排)
—Testament SBT 2088
[见注释(30)]

意象第二集(钢琴独奏)L.111
Ⅰ.林间钟声;Ⅱ.月落荒寺—伦敦,皇家节日音乐厅,1957年3月4日
—Testament SBT 2088

意象第二集(钢琴独奏)L.111
Ⅰ.林间钟声;Ⅱ.月落荒寺;Ⅲ.金鱼—都灵,意大利广播电视公司录音室,1962年8月13日
—Apex 0927 40649 2, Brilliant Classics 99232, Cetra ARCD 02, Cetra CDAR 2005, Classica d'Oro CDO 3024, Ermitage ERM 123 -2, Ermitage ERM 303 -2, Fonit Cetra CDE 1048, Fonit Cetra CDO 126, Fonit Cetra-Videorai VRN 2132, History 20.3169 -306, Hommage 7001851 -HOM, Opus Arte OA0941D, Warner Special Marketing 0927 40 649 -2
[见注释(10)]

意象第二集(钢琴独奏)L.111
Ⅰ.林间钟声;Ⅱ.月落荒寺;Ⅲ.金鱼—赫尔辛基,文化大楼,1969年5月22日
—Aura AUR 218 -2, Aura AUR 2000 -2

意象第二集(钢琴独奏)L.111
Ⅰ.林间钟声;Ⅱ.月落荒寺;Ⅲ.金鱼—皇宫区,慕尼黑科学院,议会大厅,1971年7月
—DG 415 372 -2, DG 447 643 -2, DG 449 438 -2, DG 459 033 -2, DG 469 820 -2, DG F35G 50168, DG F35G 50343, DG POCG -1121, DG POCD -50078 2, DG FUCCG -7078, Philips Classics 456 901 -2

意象第二集(钢琴独奏)L.111
Ⅰ.林间钟声—伯尔尼,伯尔尼广播录音棚,1975年3月17或18日
—Theatre 400 353 -5

意象第二集(钢琴独奏)L.111
Ⅰ.林间钟声;Ⅱ.月落荒寺;Ⅲ.金鱼—梵蒂冈,“皮尔路易吉·内尔维”大厅,1987年6月13日
—Aura AUR 136 -2, Aura AUR 202 -2, Aura AUR 225 -2, Membran 223042 -321, Memoria ABM 999.001

意象第二集(钢琴独奏)L.111
Ⅰ.林间钟声;Ⅱ.月落荒寺;Ⅲ.金鱼—汉堡,汉堡音乐厅,1993年5月7日
—Memoria ABM 999.101
[见注释(28)]

前奏曲第一集,L.117—梵蒂冈,“皮尔路易吉·内尔维”大厅,1977年4月29日
—Aura AUR 201 -2, Aura AUR 225 -2, Aura AUR 2000 -2, Membran 223042 -321, Memoria ABM 999.001

前奏曲第一集,L.117 -注释(31)—汉堡,汉堡音乐厅,金色大厅,1978年6月27~30日
—DG 413 450 -2, DG 447 643 -2, DG 449 438 -2, DG 459 033 -2, DG 469 820 -2, DG F35G 50168, DG POCG 1122, DG POCD -50078, DG FUCCG -7078, DG -EVA, DG -ZECCHINI CDA 0001, Philips Classics 456 901 -2
[见注释(32)]

前奏曲第一集,L. 117—布雷西亚,大剧院,1980 年 6 月 16 日
—Musicom-Intesa MC 9919/20

前奏曲第一集,L. 117—伦敦,皇家节日音乐厅,1982 年 4 月 13 日
—BBC Legends BBCL 4043 –2

前奏曲第一集,L. 117—汉堡,汉堡音乐厅,1993 年 5 月 7 日
—Memoria ABM 999.101
[见注释(28)]

前奏曲第二集,L. 123 –5. 欧石南;10. 骨壶—都灵,意大利广播电视公司录音室,1962 年 8 月 13 日
—Apex 0927 40649 2, Cetra ARCD 02, Cetra CDAR 2005, Classica d'Oro CDO 3024, Fonit Cetra CDE 1048, Fonit Cetra CDO 126, Fonit Cetra-Videorai VRN 2132, Hommage 7001851 – HOM, Opus Arte OA0941D, Warner Special Marketing 0927 40 649 –2
[见注释(10)]

前奏曲第二集 L. 123—斯图加特,斯图加特音乐厅,贝多芬厅,1982 年 10 月 27 日
—Aura AUR 210 –2, Aura AUR 2000 –2, Ermitage ERM 210 –2

前奏曲第二集 L. 123—比勒费尔德,鲁道夫-厄特克尔音乐厅,小厅,1988 年 8 月
—DG 427 391 –2, DG 447 643 –2, DG 449 438 –2, DG 469 820 –2, DG F32G 20307, Philips Classics 456 901 –2
[见注释(33)]

塞萨尔·弗朗克(1822—1890)

升 F 小调钢琴及乐队交响变奏曲—洛杉矶,爱乐音乐厅,1949 年 1 月 16 日—洛杉矶爱乐乐团,指挥:阿尔弗雷德·沃伦斯坦
—As Disc AS 321, Aura AUR 215 –2, Aura AUR 2000 –2, Istituto Discografico Italiano IDIS 337, Membran 223042 –321, Notes PGP 11 027
[见注释(34)]

巴尔达萨雷·加卢皮(1706—1785)

降 B 大调奏鸣曲之急板—米兰,录音室,1941 年(mx. 2EA 13376 –1C)
—Artone 222354 –354, Aura AUR 183 –2, Aura AUR 226 –2, Aura AUR 2000 –2, Cantus Classics 5.00173, Classica d'Oro CDO 3005, EMI Classics 7243 567041 2, EMI – Toshiba TOCE 8248/50, Ermitage ERM 183 –2, Ermitage France FRERM 69661 –2, Fono Enterprise 1026, Historic Collection MM 37007, Hommage 7001860 – HOM, Iron Needle IN 1409, Magic Master IMD 37007, Magic Talent CD 48050, Membran 223042 –321, Past Perfect 220017 400, The Piano Library PL 252/55, Warner Fonit 3984 26902 –2
[见注释(35)]

降 B 大调奏鸣曲之急板—布宜诺斯艾利斯,科隆大剧院,1949 年 7 月 21 日
—Aura AUR 217 –2, Aura AUR 2000 –2
[见注释(35)]
[见注释(36)]

C 大调第五钢琴奏鸣曲—都灵,意大利广播电视公司录音室,1962 年 8 月 13 日
—Arkadia GI 904.1, Aura AUR 226 –2, Fonit Cetra CDE 1042, Fonit Cetra-Vioraide VRN 2129, Hunt CD 904, Membran 223042 –321, Nuova Era CD 2218, Opus Arte OA0939D
[见注释(10)]

C 大调第五钢琴奏鸣曲—罗马,录音室,1965 年 3 月 4 日
—Decca 417 772 –2, Decca KICC 8181, Philips Classics 456 901 –2
[见注释(13)]

恩里克·格拉纳多斯(1867—1916)

E小调西班牙舞曲,Op. 37 no. 5(安达鲁西亚)—米兰,录音室,1941年(mx. 2BA 3534)
—Angel Classics 64490, Artone 222354 - 354, Arkadia 78 563, Arkadia HP 624.1, Aura AUR 183 -2, Aura AUR 2000 -2, Cantus Classics 5.00173, Classica d'Oro CDO 3005, EMI Classics CDH 7 64490 2, EMI Classics 7243 567041 2, EMI - Toshiba TOCE 8248/50, Ermitage ERM 183 -2, Ermitage France FRERM 69661 -2, Fonit Cetra CDO 506, Grammofono 2000 AB 78698, Fono Enterprise 1026, Hommage 7001859 - HOM, Magic Master IMD 37025, Magic Talent CD 48010, Musical Heritage Society 513996F, Past Perfect 220017 400, The Piano Library PL 252/55, Warner Fonit 3984 26901 -2

[见注释(37)]

爱德华·哈盖鲁普·格里格(1843—1907)

A小调钢琴协奏曲,Op. 16—日内瓦,维多利亚音乐厅,1941年7月7日—瑞士罗曼德管弦乐团,指挥:埃内斯特·安塞美
—Aura AUR 183 -2, Aura AUR 2000 - 25, Ermitage ERM 183 -2, Fonit Cetra CDO 506, Grammofono 2000 AB 78675/76, Historic Collection MM 37042, Hommage 7001853 - HOM, Magic Master IMD 37042, Magic Talent CD 48071, The Piano Library PL 252/55, The Radio Years R Y 91, Sirio SO 5300 -3, Warner Fonit 398426901 -2

[见注释(38)]

A小调钢琴协奏曲,Op. 16—米兰,可能在斯卡拉大剧院,1942年2月9日—米兰斯卡拉大剧院乐团,指挥:阿尔切奥·加列拉(mx. DO 26618, DO 26619, DO 26620, DO 26621, DO 26622, DO 26623, DO 26624)
—Arkadia 78 572, Artone 222354 - 354, Aura AUR 215 -2, Aura AUR 2000 - 2, Cantus Classics 5.00111, Classica d'Oro CDO 3003, Fonit Cetra CDO 510, Grammofono 2000 AB 78675/76, Hommage 7001853 - HOM, Magic Master IMD 37050, Magic Talent CD 48058, Membran 222149 - 444, Membran 223042 - 321, Nuova Era Memories 3009/3010, Past Perfect 220017 400, Pearl GEMMCDS 9086, The Piano Library PL 183, The Piano Library PL 252/55, Sirio SO 5300 - 3, Teldec 9031 - 76439 - 2, Teldec 0630 - 13303 - 22, TIM - The International Music Company 221472, Warner Special Marketing 0630 13 303 -2 ZK

A小调钢琴协奏曲,Op. 16—罗马,古罗马广场音乐厅,1963年6月—R. A. I罗马交响乐团,指挥:马里奥·罗西
—Arkadia HP 507.1, Bella Musica BMCD 31 6001, Frequenz 041 - 009, Green Line CD 3CLC 40052, Hunt CD 507, Menories HR 4368/69, Nota Blu 93. 5110 3/4, Nuova Era CD 013. 6341, Virtuoso CD 269708 2

A小调钢琴协奏曲,Op. 16—伦敦,皇家节日音乐厅,1965年6月17日—新爱乐乐团,指挥:拉斐尔·弗吕贝克·德伯格斯
—BBC Legends BBCL 4043 -2

A小调钢琴协奏曲,Op. 16—斯图加特,斯图加特音乐厅,贝多芬厅,1972年11月11日—斯图加特广播交响乐团,指挥:塞尔吉乌·切利比达克
—Arlecchino ARL A06, Memories Excel - lence ME1018/19

[见注释(39)]

在摇篮,Op. 68 no. 5,第九册,选自《抒情小品集》—米兰,录音室,1941年(mx. OBA 3617)

—Angel Classics 64490, Arkadia HP 624.1, Arkadia 78 563, Artone 222354 –354, Aura AUR 183 –2, Aura AUR 2000 –2, Cantus Classics 5.00173, Classica d'Oro CDO 3005, EMI Classics 7243 567041 2, EMI-Toshiba TOCE 8248/50, EMI Classics CDH 7 64490, Ermitage ERM 183 –2, Fonit Cetra CDO 506, Fono Enterprise 1026, Grammofono 2000 AB 78698, Hommage 7001858 –HOM, Magic Talent CD 48010, Membran 222149 –444, Musical Heritage Society 513996F, Nota Blu 93.5110 3/4, Past Perfect 220017 400, The Piano Library PL 252/55, Warner Fonit 398426901 –2

[见注释(37)]

在摇篮,Op.68 no.5,第九册,选自《抒情小品集》—布宜诺斯艾利斯,科隆大剧院,1949年7月21日

—Aura AUR 217 –2, Aura AUR 2000 –2

在摇篮,Op.68 no.5,第九册,选自《抒情小品集》—斯图加特,斯图加特音乐厅,贝多芬厅,1972年11月11日

—Arlecchino ARL A06

[见注释(39)]

情歌,Op.43 no.5,第三册,选自《抒情小品集》—米兰,录音室,1943年9月6日(mx. DO 26645)

—Arkadia HP 624.1, Artone 222354 –354, Cantus Classics 5.00173, Fonit Cetra CDO 510, Grammofono 2000 AB 78675/76, Historic Collection 37042, Hommage 7001858 –HOM, Magic Master IMD 37042, Magic Talent CD 48071, Membran 222149 – 444, Past Perfect 220017 400, Pearl GEMMCDS 90862, The Piano Library PL 211, The Piano Library PL 252/55, Sirio SO 5300 –36, Teldec 4509 –93671 –2, Teldec 0630 –13303 –2, Warner Special Marketing 0630 13 303 –2 ZK, Warner Special Marketing 4509 93 671 –2 ZS

[见注释(40)]

忧郁,Op.47 no.5,第四册,选自《抒情小品集》—米兰,录音室,1941年(mx. OBA 3616)

—Angel Classics 64490, Arkadia HP 624.1, Arkadia 78 563, Artone 222354 –354, Aura AUR 183 –2, Aura AUR 2000 –2, Cantus Classics 5.00173, Classica d'Oro CDO 3005, EMI Classics CDH 764490 2, EMI Classics 7243 5 67041 2, EMI-Toshiba TOCE 8248/50, Ermitage ERM 183 –2, Ermitage France FRERM 69661 –2, Fonit Cetra CDO 506, Fono Enterprise 1026, Grammofono 2000 AB 78698, Hommage 7001858 – HOM, Magic Talent CD 48010, Membran 222149 –444, Musical Heritage Society 513996F, Nota Blu 93.5110 3/4, Past Perfect 220017 400, The Piano Library PL 252/55, Warner Fonit 3984 26901 –2

[见注释(39)]

忧郁,Op.47 no.5,第四册,选自《抒情小品集》—布宜诺斯艾利斯,科隆大剧院,1949年7月21日

—Aura AUR 217 –2, Aura AUR 2000 –2

弗朗茨·约瑟夫·海顿(1732—1809)

G大调钢琴协奏曲,Hob XVIII 4—卢加诺,阿波罗剧院(游乐场)音乐厅,1974年4月5日—苏黎世室内乐团,指挥:艾德蒙德·德斯图兹

—Rococò RR 2076

G大调钢琴协奏曲,Hob XVIII 4—图恩,约翰内斯教堂,1975年1月22日和24日—苏黎世室内乐团,指挥:艾德蒙德·德斯图兹

—EMI CDC 7 49324 –2, EMI CC30 9092, EMI Classics 7243 5 67041 2

D大调钢琴协奏曲,Op.21, Hob XVIII/11—都灵,R.A.I音乐厅,1959年12月18日—R.A.I都灵交响乐团,指挥:马

里奥·罗西
—Apex 0927 40648 2, Cetra ARCD 02, Cetra CDAR 2006, Fonit Cetra CDO 137, Frequenz 051 – 050, Hommage 7001852 –HOM, Warner Fonit 507635

D 大调钢琴协奏曲,Op. 21, Hob XVIII/11—布雷西亚,大剧院,1968 年 6 月 15 日—“加斯帕罗·达·萨罗”室内乐团,指挥:奥古斯丁·奥利齐奥
—Arkadia HP 560.1, Hunt CD 560, Music & Arts CD – 296, Music & Arts CD –4296
[见注释(41)]

D 大调钢琴协奏曲,Op. 21, Hob XVIII/11—图恩,约翰内斯教堂,1975 年 1 月 22 日和 24 日—苏黎世室内乐团,指挥:艾德蒙德·德斯图兹
—EMI CDC 7 49324 – 2, EMI CC30 9092, EMI Classics 7243 5 67041 2, EMI Classics 7243 5 62823 2

弗朗茨·李斯特(1811—1886)

牧歌(第七首,选自《旅行岁月——瑞士游记》)—斯图加特,斯图加特音乐厅,贝多芬厅,1982 年 10 月 27 日
—Aura AUR 210 –2, Aura AUR 2000 –2, Ermitage ERM 210 –2

降 E 大调第一钢琴协奏曲—日内瓦,维多利亚音乐厅,瑞士罗曼德管弦乐团,指挥:埃内斯特·安塞美
—Arkadia HP 624.1, Arkadia 78 572, Aura AUR 183 –2, Aura AUR 2000 –2, Ermitage ERM 183 – 2, Ermitage France FRERM 69661 – 2, Fonit Cetra CDO 506, Grammofono 2000 AB 78675/76, Hommage 7001853 –HOM, Magic Master IMD 37007, Magic Talent CD 48050, Membran 222149 – 444, Past Perfect 220017 400, The Piano Library PL 252/55, Sirio SO 5300 –36, TIM – The International Music Company 221472, Warner Fonit 3984 26901 –2
[见注释(42)]

降 E 大调第一钢琴协奏曲—佛罗伦萨,市政剧院,1953 年 6 月 17 日—佛罗伦萨五月音乐节乐团,指挥:德米特里·米特罗普洛斯
—Urania URN 22.256

降 E 大调第一钢琴协奏曲—都灵,R. A. I 音乐厅,1961 年 4 月 28 日—R. A. I 都灵交响乐团,指挥:拉斐尔·库贝利克
—Apex 0927 40650 2, Aquarius AQVR 225 – 2, Arkadia HP 507. 1, Cetra ARCD 01, Cetra CDAR 2003, Fonit Cetra CDO 130, Frequenz 041 – 009, Frequenz 051 –050, Hommage 7001854 –HOM, Hunt CD 507, Living Stage LS 4035176

降 E 大调第一钢琴协奏曲—东京,艺术剧场,1965 年 4 月 8 日—读卖日本交响乐团,指挥:金德瑞奇·罗汉
—Aura AUR 208 –2, Aura AUR 2000 –2
[见注释(43)]

死之舞(钢琴及乐队)改编自《震怒之日》—都灵,R. A. I 音乐厅,1961 年 4 月 28 日—R. A. I 都灵交响乐团,指挥:拉斐尔·库贝利克
—Arkadia HP 507.1, Hunt CD 507

死之舞(钢琴与乐队)改编自《震怒之日》—梵蒂冈,教皇宫,祝福厅,1962 年 4 月 28 日—R. A. I 罗马交响乐团,指挥:贾南德雷亚·加瓦泽尼
—Aura AUR 249 –2, Membran 223042 – 321, Memoria ABM 999.001

安德烈-弗朗索瓦·马来斯科蒂(1902—1995)

幻想曲—米兰,录音室,1941 年(mx. 2BA. 3533)
—Arkadia HP 624. 1, Artone 222354 – 354, Aura AUR 183 – 2, Aura AUR 2000 –2, Cantus Classics 5.00173, Clas-

sica d'Oro CDO 3005, EMI-Toshiba TOCE 8248/50, EMI Classics 7243 5 670412, Ermitage ERM 183 -2, Fono Enterprise 1026, Hommage 7001860 -HOM, Iron Needle IN 1409, Magic Talent CD 48050, Past Perfect 220017 400, The Piano Library PL 252/55, Warner Fonit 3984 26902 -2

费德里科·蒙波(1893—1987)

歌与舞第一首—米兰,录音室,1942年(mx. OBA 4870 -I G)
—Angel Classics 64490, Arkadia 78 563, Artone 222354 - 354, Cantus Classics 5.00173, Classica d'Oro CDO 3005, EMI Classics CDH 7 64490 2, EMI Classics 7243 5 67041 2, EMI-Toshiba TOCE 8248/50, Fono Enterprise 1026, Grammofono 2000 AB 78698, Hommage 7001859 - HOM, Magic Talent CD 48010, Musical Heritage Society 513996F, Past Perfect 220017 400, Philips Classics 456 904 -2, The Piano Library PL 252/55, Warner Fonit 3984 26902 -2
[见注释(44)]

歌与舞第一首—华沙,爱乐音乐厅,1955年3月13日
—Altara ALT 1005, Claque CD GM 1001, Fonit Getra CDO 525, Melodram MEL 28019, Polskie Nagrania PNCD 351

歌与舞第六首—伦敦,皇家节日音乐厅,1957年3月4日
—Testament SBT 2088

沃尔夫冈·阿玛多伊斯·莫扎特(1756—1791)

G大调第十三钢琴协奏曲,KV 415(或KV 387b)—罗马,R. A. I音乐厅,1951年12月15日—R. A. I罗马交响乐团,指挥:卡洛·马利亚·朱里尼
—Andromeda ANDRCD 5019, Cetra ARCD 01, Cetra CDAR 2001, Fonit Cetra CDE 1002, Fonit Cetra CDO 134, Frequenz 051 -050, Hommage 7001856 -HOM, Urania URN 22.230, Warner Fonit 5050466 -2911 -2 -7

G大调第十三钢琴协奏曲KV 415(或KV 387b)—那不勒斯,那不勒斯音乐学院,1953年11月29日—R. A. I那不勒斯交响乐团“亚历山德罗·斯卡拉蒂”,指挥:弗朗戈·卡拉奇奥罗
—EMI Classics CDH 7 63819 2, EMI-Toshiba TOCE 8248/50, EMI Classics 7243 5 67041 2, EMI Classics 7243 5 62823 2 2, EMI Classics 7243 62824 2 1

G大调第十三钢琴协奏曲KV 415(或KV 387b)—都灵,R. A. I音乐厅,1953年12月25日—R. A. I都灵交响乐团,指挥:马里奥·罗西
—Tahra TAH 537

G大调第十三钢琴协奏曲KV 415(或KV 387b)—那不勒斯,R. A. I音乐厅—1958年7月23日—R. A. I那不勒斯交响乐团“亚历山德罗·斯卡拉蒂”,指挥:弗朗戈·卡拉奇奥罗
—Green Line CD 3CLC 4005, Movimento Musica CD 011.011, Movimento Musica ANF 34 -1

G大调第十三钢琴协奏曲KV 415(或KV 387b)—布雷西亚,大剧院,1968年6月15日—“加斯帕罗·达·萨罗”室内乐团,指挥:奥古斯丁·奥利齐奥
—Arkadia HP 560.1, Hunt CD 560

G大调第十三钢琴协奏曲KV 415(或KV 387b)—汉堡,汉堡音乐厅,1990年1月27日—北德广播交响乐团,指挥:柯德·嘉本
—DG 431 097 -2, DG 447 643 -2, DG 469 820 - 2, DG 469 855 - 2, DG POCG -1066

降B大调第十五钢琴协奏曲KV450—米

兰,录音室,1951 年 6 月 26 日或 27 日(mx. 2BA 7735, 2BA 7736, 2BA 7737, 2BA 7738, 2BA 7739, 2BA 7740)—“米兰午后音乐”室内交响乐团,指挥:艾特瑞·格拉提斯
—Andromeda ANDRCD 5019, EMI-Electrola 769 241 −2, EMI Classics 7243 575229 2 2, EMI Classics 7243 575230 2 8, EMI-HMV 7243 575230 2 8, EMI-HMV 7243 575231 2 7, EMI Classics 575700, EMI Classics CDH 763819 2, EMI Italiana CDM 7 69241 −2, EMI-Toshiba TOCE 8248/50, EMI Classics 7243 5 67041 2, Iron Needle IN 1409, Istituto Discografico Italiano IDIS 337, The Piano Library PL 252/55

降 B 大调第十五钢琴协奏曲 KV450—都灵,R. A. I 音乐厅—R. A. I 都灵交响乐团,指挥:马里奥·罗西
—Cetra ARCD 02, Cetra CDAR 2004, Fonit Cetra CDE 1021, Fonit Cetra CDO 134, Frequenz 051 − 050, Hommage 7001856 − HOM, Movimento Musica CD 011. 009, Movimento Musica CD 011.011, Movimento Musica ANF 34 −1, Nota Blu 93.5109 1/2

降 B 大调第十五钢琴协奏曲 KV450—卢加诺,阿波罗剧院(游乐场)音乐厅,1956 年 6 月 21 日—卢加诺 RTSI 乐团,指挥:海曼·谢尔辛
—Andromeda ANR 2503, As Disc NAS 2601, Aura AUR 238 − 2, Theatre 400353 −5

降 B 大调第十五钢琴协奏曲 KV450—卢加诺,阿波罗剧院(游乐场)音乐厅,1974 年 4 月 5 日—苏黎世室内乐团;指挥:艾德蒙德·德斯图兹
—Aura AUR 220 −2, Aura AUR 2000 −2, Membran 223042 −321

降 B 大调第十五钢琴协奏曲 KV450—维也纳,音乐之友协会大厦,金色大厅,1975 年 6 月 19 日—维也纳交响乐团,指挥:莫舍·阿兹蒙
—Cult of Classical Music COCOM 1007 S, Joy Classics JOYCD −9011

降 B 大调第十五钢琴协奏曲 KV450—汉堡,汉堡音乐厅,1990 年 1 月 27 日—北德广播交响乐团,指挥:柯德·嘉本
—DG 431 097 −2, DG 447 643 −2, DG 469 820 − 2, DG 469 855 − 2, DG POCG − 1066, DG-EVA, DG-Zecchini CDA 0001
[见注释(45)]

D 小调第二十钢琴协奏曲,KV 466—罗马,R. A. I 音乐厅,1951 年 12 月 15 日—R. A. I 罗马交响乐团,指挥:卡洛·马利亚,朱里尼
—Andromeda ANDRCD 5019, Artone 222354 − 354, Cetra ARCD 01, Cetra CDAR 2001, Cetra K22 C249, Classica d'Oro CDO 3014, Fonit Cetra CDE 1002, Fonit Cetra CDO 134, Frequenz 051 −050, Hommage 7001857 −HOM, Nota Blu 93. 5109 1/2, Urania URN 22.205, Warner Fonit 5050466 −2911 −2 −7

D 小调第二十钢琴协奏曲,KV 466—佛罗伦萨,市政剧院,1953 年 6 月 17 日—佛罗伦萨五月音乐节乐团,指挥:德米特里·米特罗普洛斯
—Arkadia HP 552. 1, Hunt CD 552, Urania URN 22. 256

D 小调第二十钢琴协奏曲,KV 466—那不勒斯,R. A. I 音乐厅,1958 年 7 月 23 日—R. A. I 那不勒斯交响乐团“亚历山德罗·斯卡拉蒂”,指挥:弗朗戈·卡拉奇奥罗
—Green Line CD 3CLC 4005, Movimento Musica CD 011. 011, Movimento Musica ANF 34 −1

D 小调第二十钢琴协奏曲,KV 466—都灵,R. A. I 音乐厅,1959 年 12 月 18 日—R. A. I 都灵交响乐团,指挥:马里奥·

罗西
—Fonit Cetra CDE 1021, Movimento Musica CD 011. 009, Movimento Musica CD 051.009

D 小调第二十钢琴协奏曲,KV 466—梵蒂冈,教皇宫,枢机会议厅,1966 年 10 月 11 日—“加斯帕罗·达·萨罗”室内乐团,指挥:奥古斯丁·奥利齐奥
—Arkadia HP 560.1, Hunt CD 560, MusicomIntesa MC 9919/20

D 小调第二十钢琴协奏曲,KV 466—斯图加特,斯图加特音乐厅,贝多芬厅,1967 年 11 月 22 日—斯图加特爱乐乐团,指挥:卡尔·慕辛格
—Music & Arts CD -1147

D 小调第二十钢琴协奏曲,KV 466—比勒费尔德,鲁道夫-厄特克尔音乐厅,小厅,1988 年 8 月—阿尔图罗·贝内代托·米凯兰杰利,柯德·嘉本,钢琴(两架钢琴录音彩排)
—DG -EVA, DG -Zecchini CDA 0001
[见注释(46)]

D 小调第二十钢琴协奏曲,KV 466—不莱梅,不莱梅音乐厅,北德广播交响乐团,指挥:柯德·嘉本
—DG 429 353 -2, DG 447 643 -2, DG 469 820 -2, DG 469 855 -2, DG POOG 20472, DG-EVA, DG-Zecchini CDA 0001
[见注释(47)]

A 大调第二十三钢琴协奏曲,KV 488—罗马,R. A. I 音乐厅,1951 年 12 月 15 日—R. A. I 罗马交响乐团,指挥:卡洛·马利亚·朱里尼
—Andromeda ANDRCD 5019, Aquarius AQVR 225 -2, Artone 222354 -354, Cetra ARCD 02, Cetra CDAR 2004, Cetra K22 C249, Classica d'Oro CDO 3014, Fonit Cetra CDO 134, Frequenz 051 -050, Hommage 7001856 -HOM, Movimento Musica CD 011. 009, Movimento Musica CD 051. 009, Urania URN 22.205, Warner Fonit 5050466 -2911 -2 -7

A 大调第二十三钢琴协奏曲,KV 488—那不勒斯,那不勒斯交响乐团“亚历山德罗·斯卡拉蒂”,指挥:弗朗戈·卡拉奇奥罗
—EMI Classics CDH 7 63819 2, EMI-Toshiba TOCE 8248/50, EMI Classics 7243 5 62823 2 2, EMI Classics 7243 62824 2 1, EMI Classics 7243 5 67041 2

C 大调第二十五钢琴协奏曲,KV 503—不莱梅,不莱梅音乐厅,北德广播交响乐团,指挥:柯德·嘉本
—DG 429 353 -2, DG 447 643 -2, DG 469 820 -2, DG 469 855 -2, DG POOG 20472

降 E 大调第二钢琴与弦乐四重奏,KV 493—地中海,邮轮“文艺复兴”号,1972 年 9 月 19 日—小提琴手:让-皮埃尔·瓦勒兹;中提琴手:克劳德-亨利·朱伯特;大提琴手:弗兰克·达里尔
—Aura AUR 220 -2, Aura AUR 2000 -2, Membran 223042 -321
[见注释(48)]

谢尔盖·拉赫玛尼诺夫(1873—1943)

G 小调第四钢琴协奏曲,Op. 40—伦敦,埃比路 1 号录音棚,1957 年 3 月 7 日、8 日、10 日,爱乐乐团,指挥:艾特瑞·格拉提斯
—Angel Classics 7243 5 67258 2 9, EMI CDC 7 49326 -2, EMI Classics 7243 5 67041 2, EMI Classics 7243 5 67238 2 5, EMI Classics 7243 5 67258 2 9
—EMI-Toshiba TOCE -3185, EMI-Toshiba TOCE -7737
[见注释(49)]

莫里斯·拉威尔(1875—1937)

G 大调钢琴协奏曲—都灵,R. A. I 音乐

厅,1952年2月1日—R. A. I 都灵交响乐团,指挥:尼诺·萨佐诺
—Arkadia GI 904.1, Hunt CD 904, Urania URN 22.230
[见注释(50)]

G大调钢琴协奏曲—巴黎,香榭丽舍剧院,1952年5月28日—罗马圣切奇利亚音乐学院常驻乐团,指挥:伊戈尔·马克维奇
—Tahra TAH 537

G大调钢琴协奏曲—米兰,地点不详,1957年3月(?)—R. A. I 米兰交响乐团,指挥:艾特瑞·格拉提斯
—CLS MCL 2007, CLS RPCL 2007
[见注释(51)]

G大调钢琴协奏曲—埃比路1号录音棚,1957年3月7日、8日、10日—爱乐乐团,指挥:艾特瑞·格拉提斯
—Angel Classics 67258 2, EMI CDC 7 49326 -2, EMI Classics 7243 5 67041 2, EMI Classics 7243 5 67238 2 5, EMI Classics 7243 5 67258 2 9, EMI-Toshiba TOCE - 3185, EMI-Toshiba TOCE - 7737, Green Line CD 3CLC 4005, Philips Classics 456 901 -2
[见注释(49)]

G大调钢琴协奏曲—都灵,R. A. I 音乐厅,1961年12月12日—R. A. I 都灵交响乐团,指挥:尼诺·萨佐诺
—Fonit Cetra LAR 44, Fonit Cetra LAR 47

G大调钢琴协奏曲—伦敦,皇家节日音乐厅,1982年4月8日—伦敦交响乐团,指挥:塞尔吉乌·切利比达克
—Arlecchino ARL A79, Exclusive EX92T61/62, Memories Excellence ME1038/39, VIP VCD 5001
[见注释(52)]

G大调钢琴协奏曲—慕尼黑,嘉斯台大厅,1992年6月5日—慕尼黑爱乐乐团,指挥:塞尔吉乌·切利比达克
—Galileo GL 2, Memories Excellence ME1018/19
—《O》《O》《O》Classics TH 009

夜之幽灵(改编自阿洛修·贝特朗诗作的三首钢琴交响诗)—梅达谷,伦敦,BBC录音室,1959年6月30日
—BBC Legends BBCL 4064 -2, Music & Arts CD -817, Music & Arts CD -955, Music & Arts CD -4955, Philips Classics 456 901 -2

夜之幽灵(改编自阿洛修·贝特朗诗作的三首钢琴交响诗)—布拉格,可能在鲁道夫音乐厅,德沃拉科娃厅,1960年5月20日
—EMI Vltava TOCE - 8271, Multisonic 310193 -2, Music & Arts CD -8172
[见注释(53)]

夜之幽灵(改编自阿洛修·贝特朗诗作的三首钢琴交响诗)—卢加诺,阿波罗剧院(游乐场)音乐厅,1968年6月4日
—Memories HR 4368/69, Nuova Era CD 2218

夜之幽灵(改编自阿洛修·贝特朗诗作的三首钢琴交响诗)—赫尔辛基,文化大楼,1969年5月22日
—Arkadia GI 904.1, Hunt CD 904

夜之幽灵(改编自阿洛修·贝特朗诗作的三首钢琴交响诗)—东京,艺术剧场,1973年10月29日
—Cult of Classical Music COCOM 1007 S, Joy Classics JOYCD -9028

夜之幽灵(改编自阿洛修·贝特朗诗作的三首钢琴交响诗)—梵蒂冈,"皮尔路易吉·内尔维"大厅,1987年6月13日
—Amadeus AMS 042 -043 -2, Aura AUR 204 -2, Aura AUR 2000 -2, Memoria ABM 999.001, Memoria ABM 999.005

高贵而伤感的圆舞曲—阿莱佐,"弗朗西斯科·彼得拉克"大厅,1952年12月

12 日
—Arkadia GI 904. 1, Hunt CD 903, Urania URN 22. 230

高贵而伤感的圆舞曲—东京,艺术剧场,1973 年 10 月 29 日
—Cult of Classical Music COCOM 1007 S, Joy Classics JOYCD -9028

多米尼克·斯卡拉蒂(1685—1757)

D 小调古钢琴奏鸣曲,Kk9(L. 413),亦称《牧歌》—米兰,录音室,1942 年(mx. OBA 4873 -1)
—Angel Classics 64490, Arkadia HP 624. 1, Arkadia 78 563, Artone 222354 -354, Cantus Classics 5. 001732, Classica d'Oro CDO 3005, EMI Classics CDH 764490, EMI Classics 7243 5 67041 2, EMI-Toshiba TOCE 8248/50, Fono Enterprise 1026, Grammofono 2000 AB 78698, Hommage 7001851 -HOM, Magic Master IMD 37025, Magic Talent CD 48010, Membran 222149 -444, Musical Heritage Society 513996F, Past Perfect 220017 400, The Piano Library PL 252/55, TIM -The International Music Company 221472, Warner Fonit 3984 26902 -2

D 小调古钢琴奏鸣曲,Kk9(L. 413),亦称《牧歌》—华沙,爱乐音乐厅,1955 年 3 月 13 日
—Altara ALT 1005, Claque CD GM 1001, Melodram MEL 280191/2, Polskie Nagrania PNCD 351

D 小调古钢琴奏鸣曲,Kk9(L. 413)亦称《牧歌》—赫尔辛基,文化大楼,1969 年 5 月 22 日
—Aura AUR 218 -2, Aura AUR 226 -2, Aura AUR 2000 -2, Membran 223042 -321

C 小调古钢琴奏鸣曲,Kk. 11(L. 352)—米兰,录音室 1942 年(mx. OBA 4872 -1)
—Angel Classics 64490, Arkadia HP 624. 1, Arkadia 78 563, Artone 222354 -354, Cantus Classics 5. 00173, Classica d'Oro CDO 3005, EMI Classics CDH 764490 2, EMI Classics 7243 5 67041 2, EMI-Toshiba TOCE 8248/50, Fono Enterprise 1026, Grammofono 2000/AB 78698, Hommage 7001858 -HOM, Magic Master IMD 37025, Magic Talent CD 48010, Membran 222149 -444, Musical Heritage Society 513996F, Past Perfect 220017 400, The Piano Library PL 252/55, TIM -The International Music Company 221472, Warner Fonit 3984 26902 -2

C 小调古钢琴奏鸣曲,Kk. 11(L. 352)—华沙,爱乐音乐厅,1955 年 2 月 27 日
—Altara ALT 1005, Claque CD GM 1001, Melodram MEL 280191/2, Polskie Nagrania PNCD 351

C 小调古钢琴奏鸣曲,Kk. 11(L. 352)—梅达谷,伦敦,BBC 录音室,1961 年 5 月 12 日
—BBC Legends BBCL 4128 -2

C 小调古钢琴奏鸣曲,Kk. 11(L. 352)—都灵,R. A. I 意大利广播电视公司录音室,1962 年 8 月 13 日
—Fonit Cetra CDE 1048, Fonit Cetra-Videorai VRN 2129, Memories HR 4368/69, Nuova Era CD 2218, Opus Arte OA0939D
[见注释(10)]

C 小调古钢琴奏鸣曲,Kk. 11(L. 352)—罗马,录音室,1965 年 5 月 4 日
—Decca 417 772 -2, Decca KICC 8181, Philips Classics 456 901 -2
[见注释(13)]

C 小调古钢琴奏鸣曲,Kk. 11(L. 352)—赫尔辛基,文化大楼,1969 年 5 月 22 日
—Aura AUR 218 -2, Aura AUR 226 -2,

Aura AUR 2000 – 2, Membran 223042 – 321

C 小调古钢琴奏鸣曲，Kk. 11（L. 352）—布雷根茨，艺术节剧院，1988 年 1 月 15 日
—Aura AUR 206 –2, Aura AUR 2000 –2

B 小调古钢琴奏鸣曲，Kk 27（L. 449）—米兰，录音室，1943 年 1 月 20 日（mx. 026794）
—Arkadia HP 624. 1, Arkadia 78 563, Artone 222354 – 354, Cantus Classics 5. 00173, Grammofono 2000 AB 78675/76, Historic Collection MM 37042, Hommage 7001858 –HOM, Magic Master IMD 37042, Magic Talent CD 48071, Membran 222149 – 444, Past Perfect 220017 400, Pearl GEMMCDS 9086, The Piano Library PL 183, The Piano Library PL 252/55, Sirio SO 5300 – 3, Teldec 4509 –93671 –2, Teldec 0630 –13303 – 2, TIM – The International Music Company 221472, Warner Special Marketing 0630 13303 – 2 ZK, Warner Special Marketing 4509 93 671 –2 ZS
[见注释(54)]

B 小调古钢琴奏鸣曲，Kk 27（L. 449）—那不勒斯，录音室，约 1949 年
—NVC Arts-Warner Music Vision 3984 – 29199 –2, NVC Arts-Warner Music Vision 3984 –29199 –3
[见注释(55)]

B 小调古钢琴奏鸣曲，Kk 27（L. 449）—阿莱佐，“弗朗西斯科·彼得拉克”大厅，1952. 2. 12
—Hunt CD 903, Tahra TAH 537

B 小调古钢琴奏鸣曲，Kk 27（L. 449）—华沙，爱乐音乐厅，1955 年 3 月 13 日
—Altara ALT 1005, Claque CD GM 1001, Melodram MEL 280191/2, Polskie Nagrania PNCD 351

B 小调古钢琴奏鸣曲，Kk 27（L. 449）—都灵，意大利广播电视公司录音室，1962 年 8 月 13 日
—Fonit Cetra CDE 1048, Fonit Cetra-Videorai VRN 2129, Nuova Era CD 2218, Opus Arte OA0939D
[见注释(10)]

B 小调古钢琴奏鸣曲，Kk 27（L. 449）—赫尔辛基，文化大楼，1969 年 5 月 22 日
—Aura AUR 218 –2, Aura AUR 226 –2, Aura AUR 2000 –2, Membran 223042 –321

B 小调古钢琴奏鸣曲，Kk 27（L. 449）—布雷根茨，艺术节剧院，1988 年 1 月 15 日
—Aura AUR 206 –2, Aura AUR 2000 –2

D 大调古钢琴奏鸣曲，Kk 29（L. 461）—阿莱佐，“弗朗西斯科·彼得拉克”剧院，1952 年 2 月 12 日
—Aura AUR 226 –2, Membran 223042 – 321, Tahra TAH 537

D 大调古钢琴奏鸣曲，Kk 96（L. 465），亦称《狩猎》—米兰，录音室，1943 年 1 月 20 日（mx. 026793）
—Arkadia HP 624. 1, Arkadia 78 563, Artone 222354 –354, Aura AUR 226 –2, Cantus Classics 5. 00173, Grammofono 2000 AB 78675/76, Historic Collection MM 37042, Hommage 7001858 – HOM, Magic Master IMD 37042, Magic Talent CD 48071, Membran 222149 – 444, Membran 223042 –321, Past Perfect 220017 400, Pearl GEMMCDS 90862, The Piano Library PL 183, The Piano Library PL 252/55, Sirio SO 5300 –3, Teldec 4509 –93671 –2, Teldec 0630 –13303 –2, TIM – The International Music Company 221472, Warner Special Marketing 0630 13 303 –2 ZK, Warner Special Marketing 4509 93 671 – 2 ZS
[见注释(54)]

C 大调古钢琴奏鸣曲，Kk 159（L. 104）—都灵，意大利广播电视公司录音室，1962 年 8 月 13 日
—Fonit Cetra CDE 1048，Fonit Cetra-Videorai VRN 2129，Nuova Era CD 2218，Opus Arte OA0939D
［见注释（10）］

C 大调古钢琴奏鸣曲，Kk 159（L. 104）—罗马，录音室，1965 年 3 月 4 日
—Decca 417 772 –2，Decca KICC 8181，Philips Classics 456 901 –2
［见注释（13）］

C 大调古钢琴奏鸣曲，Kk 159（L. 104）—赫尔辛基，文化大楼，1969 年 5 月 22 日
—Aura AUR 218 –2，Aura AUR 226 –2，Aura AUR 2000 –2，Membran 223042 –321

降 B 大调古钢琴奏鸣曲，Kk 172（L. S40）—梅达谷，伦敦，BBC 录音室，1961 年 5 月 12 日
—BBC Legends BBCL 4128 –2

A 大调古钢琴奏鸣曲，Kk 322（L. 483）—阿莱佐，"弗朗西斯科 · 彼得拉克"剧院，1952 年 2 月 12 日
—Hunt CD 903，Tahra TAH 537

A 大调古钢琴奏鸣曲，Kk 322（L. 483）—华沙，爱乐音乐厅，1955 年 3 月 13 日
—Altara ALT 1005，Melodram MEL 280191/2，Polskie Nagrania PNCD 351

A 大调古钢琴奏鸣曲，Kk 322（L. 483）—都灵，意大利广播电视公司录音室，1962 年 8 月 13 日
—Fonit Cetra CDE 1048，Fonit Cetra-Videorai VRN 2129，Nuova Era CD 2218，Opus Arte OA0939D
［见注释（10）］

A 大调古钢琴奏鸣曲，Kk 322（L. 483）—罗马，录音室，1965 年 3 月 4 日
—Decca 417 772 –2，Decca KICC 8181，Philips Classics 456 901 –2
［见注释（13）］

A 大调古钢琴奏鸣曲，Kk 322（L. 483）—赫尔辛基，文化大楼，1969 年 5 月 22 日
—Aura AUR 218 –2，Aura AUR 226 –2，Aura AUR 2000 –2，Membran 223042 –321

A 大调古钢琴奏鸣曲，Kk 322（L. 483）—布雷根茨，艺术节剧院，1988 年 1 月 15 日
—Aura AUR 206 –2，Aura AUR 2000 –2

降 B 大调古钢琴奏鸣曲，Kk 332（L. 141）—梅达谷，伦敦，BBC 录音室，1961 年 5 月 12 日
—BBC Legends BBCL 4128 –2

弗朗茨 · 舒伯特（1797—1828）

A 大调钢琴奏鸣曲，Op. postuma 164，D. 537—伯尔尼，伯尔尼广播录音棚，1975 年 3 月 17 或 18 日
—Discocorp IGI 334，Rococò RR 2117

A 大调钢琴奏鸣曲，Op. postuma 164，D. 537—哈堡，汉堡，弗里德里希 · 艾伯特大厅，1981 年 2 月 18～28 日
—DG 400 043 –2，DG 447 643 –211，DG 457 762 –2，DG 469 820 –2，DG SF 6054，DG F35G 50143

A 大调钢琴奏鸣曲，Op. postuma 164，D. 537—贝索，卢加诺，瑞士意大利广播公司音乐厅
—Aura AUR 219 –2，Aura AUR 2000 –2，BMG BVBC –31007，BMG BVCC –37190 –91，EuroArts –TDK 10 5231 9 DV –MPSR，Poloarts POLO VMB –20022 –4

罗伯特 · 舒曼（1810—1856）

少年曲集，Op. 68（nos. 37，38 和 39）
37. 海员之歌；38. 冬日时光 Ⅰ；39. 冬日时

光Ⅱ—图恩，约翰内斯教堂，1975年1月21日
—Angel CDC 7 49325 2, EMI CDC 7 49325 2, EMI CC30 9101, EMI Classics 7243 5 67041 2, EMI Classics 7243 5 62740 2 0, EMI Classics 7243 5 62757 2 0, EMI-Toshiba TOCE -7738, EMI-Toshiba TOCE -13043, Philips Classics 456 904 -2

狂欢节，Op. 9（为钢琴而作的四首狂欢节音乐）—梅达谷，伦敦，BBC 录音室，可能在1957年3月
—DG 423 231 -2, DG 447 643 -2, DG 469 820 -2, DG F28G 20198, DG -EVA, DG -Zecchini CDA 0001, Green Line CD 3CLC 4005, Philips Classics 456 904 -2
［见注释（56）］
［见注释（57）］

狂欢节，Op. 9（为钢琴而作的四首狂欢节音乐）—伦敦，皇家节日音乐厅，1957年3月4日
—Nota Blu 93. 5110 3/4, Testament SBT 2088

狂欢节，Op. 9（为钢琴而作的四首狂欢节音乐）—布拉格，可能在鲁道夫音乐厅，德沃拉科娃厅，1957年5月30日
—EMI Vltava Classics TOCE -8271, Multisonic 31 0193 -2
［见注释（58）］

狂欢节，Op. 9（为钢琴而作的四首狂欢节音乐）—卢加诺，阿波罗剧院（游乐场）音乐厅，1973年5月21日
—Aura AUR 222 -2, Membran 223042 -321, Music & Arts CD -8172

狂欢节，Op. 9（为钢琴而作的四首狂欢节音乐）—东京，NHK 大厅，1973年10月20日
—Cult of Classical Music COCOM 1007 S, Joy Classics JOYCD -9026/27

狂欢节，Op. 9（为钢琴而作的四首狂欢节音乐）—图恩，约翰内斯教堂，1975年1月15和21日
—Angel CDC 7 49325 2, EMI CDC 7 49325 2, EMI CC30 9101, EMI Classics 7243 5 67041 2, EMI Classics 7243 5 62740 2 0, EMI Classics 7243 5 62757 2 0, EMI-Toshiba TOCE -7738, EMI -Toshiba TOCE -13043, Philips Classics 456 904 -2

A小调钢琴协奏曲，Op. 54—米兰，可能在斯卡拉大剧院，1942年4月9日—米兰斯卡拉大剧院乐团，指挥：安东尼诺·佩德洛蒂（mx. 026629 I, 026630 I, 026631 I, 026632 I, 026633 I, 026634 I, 026635 I, 026636 I）
—Arkadia 78 572, Artone 222354 -354, Gantus Classics 5. 00112, Classica d'Oro CDO 3003, Fonit Cetra CDO 510, fono 2000 AB 78675/76, Hommage 7001854 -HOM, Magic Master IMD 37050, Magic Talent CD 48058, Membran 222149 -444, Past Perfect 220017 400, The Piano Library PL 211, The Piano Library PL 252/55, The Piano Library PL 291, Sirio SO 5300 -36, Teldec 8.43765, Teldec 9031 -76439 -2, Teldec SDC 12 0849582, Teldec 0630 -13303 -2, TIM -The International Music Company 221472, Warner Special Marketing 0630 13 303 -2 ZK
［见注释（59）］

A小调钢琴协奏曲，Op. 54—纽约，卡内基大厅，1948年11月21日—纽约爱乐乐团，指挥：德米特里·米特罗普洛斯
—Arioso 15. 006, As Disc AS 321, Aura AUR 215 -2, Aura AUR 2000 -2, Historical Performers HP 21, Membran 223042 -321, Notes PGP 11 027, The Piano Library PL 272, Urania URN 22. 256

A小调钢琴协奏曲，Op. 54—华沙，爱乐音乐厅，1955年2月27日—华沙交响爱

乐乐团,指挥:维托德·罗威茨基
—Altara ALT 1007, Melodram MEL 280191/2, Polskie Nagrania PNCD 328

A小调钢琴协奏曲,Op. 54—都灵,R. A. I音乐厅,1955年12月23日—R. A. I都灵交响乐团,指挥:马里奥·罗西
—Frequenz 041 -009
[见注释(60)]

A小调钢琴协奏曲,Op. 54—卢加诺,阿波罗剧院(游乐场)音乐厅,1956年6月21日—卢加诺RTSI乐团,指挥:海曼·谢尔辛
—Andromeda ANR 2503, As Disc NAS 2601, Aura AUR 238 -2, Theatre 400 353 -5

A小调钢琴协奏曲,Op. 54—梵蒂冈,教皇宫,祝福厅,1962年4月28日—R. A. I罗马交响乐团,指挥:贾南德雷亚·加瓦泽尼
—Apex 0927 40650, Aquarius AQVR 225 -2, Arkadia HP 505. 1, Aura AUR 249 -2, Cetra ARCD 01, Cetra CDAR 2003, Fonit Cetra CDO 130, Frequenz 051 - 050, History 20. 3169 - 306, Hommage 7001852 - HOM, Hunt CD 505, Membran 223042 -321, Memoria ABM 999. 001, Nuova Era CD 013. 6341

A小调钢琴协奏曲,Op. 54—斯德哥尔摩,音乐厅,1967年11月19日—瑞典广播交响乐团;指挥:塞尔吉乌·切利比达克
—Arkadia HP 592. 1, Hunt CD 592, Memories Excellence ME1038/39

A小调钢琴协奏曲,Op. 54—维也纳,可能在音乐之友协会大厦,金色大厅,1975年6月10日—维也纳交响乐团,指挥:莫舍·阿兹蒙
—Cult of Classical Music COCOM 1007 S, Joy Classics JOYCD 9011

A小调钢琴协奏曲,Op. 54—慕尼黑,加斯台大厅,1992年9月25日或26日—慕尼黑爱乐乐团,指挥:塞尔吉乌·切利比达克
—Artists FED 027, Memories Excellence ME1018/19
—《O》《O》《O》Classics TH 019
[见注释(61)]

A小调钢琴协奏曲,Op. 54—东京,人和纪念讲堂,昭和女子大学,1992年10月15日—慕尼黑爱乐乐团,指挥:塞尔吉乌·切利比达克
—Gewandhaus Music Circle SG 33/34
[见注释(62)]

A小调钢琴协奏曲,Op. 54—东京,人和纪念讲堂,昭和女子大学,1992年10月16日—慕尼黑爱乐乐团,指挥:塞尔吉乌·切利比达克
—Gewandhaus Music Circle CG 19

维也纳狂欢节,Op. 26—华沙,爱乐音乐厅,1955年3月13日
—Altara ALT 1005, Melodram MEL 280191/2, Polskie Nagrania PNCD 328

维也纳狂欢节,Op. 26—梅达谷,伦敦,BBC录音室,1957年3月
—DG 423 231 -2, DG 447 643 -2, DG 469 820 -2, DG F28G 20198, Green Line CD 3CLC 4005, Nota Blu 93. 5110 3/4
[见注释(56)]

维也纳狂欢节,Op. 26—伦敦,皇家节日音乐厅,1957年3月4日(音乐会当天下午的彩排)
—Testament SBT 2088
[见注释(30)]

维也纳狂欢节,Op. 26—伦敦,皇家节日音乐厅,1957年3月4日
—Testament SBT 2088

维也纳狂欢节,Op. 26—卢加诺,阿波罗剧院(游乐场)音乐厅,1968年6月4日

—Aura AUR 222 – 2, Membran 223042 –321

维也纳狂欢节,Op. 26—赫尔辛基,文化大楼,1969 年 5 月 22 日

—Aura AUR 218 –2, Aura AUR 2000 –2

维也纳狂欢节,Op. 26—东京,艺术剧场,1973 年 10 月 29 日

—Cult of Classical Music COCOM 1007 S, Joy Classics JOYCD 9026/27

弗洛里德·托梅奥尼(1755—1820)

G 大调奏鸣曲—米兰,录音室,1943 年 1 月 22 日(mx. B 026800 B)

—Arkadia HP 624. 1, Artone 222354 – 354, Cantus Classics 5. 00173, Grammofono 2000 AB 78675/76, Historic Collection MM 37042, Hommage 7001860 – HOM, Magic Master IMD 37042, Magic Talent CD 48071, Past Perfect 220017 400, Pearl GEMMCDS 9086, The Piano Library PL 211, The Piano Library PL 252/55, Sirio 5300 –36, Teldec 4509 – 93671 – 2, Teldec 0630 – 13303 – 2, Warner Special Marketing 0630 13 303 – 2 ZK, Warner Special Marketing 4509 93 671 –2 ZS

[见注释(63)]

安东尼奥·维瓦尔第(1678—1741)
[或朱塞佩·托雷利(1658—1709)]

B 小调钢琴协奏曲[由亚历山德罗·坦布里尼改编自 J. S. 巴赫的《键盘乐器协奏曲》BWV979,也被认为是维瓦尔第(RV168)或是托雷利的一首协奏曲改编而来]—日内瓦,维多利亚厅,1942 年 11 月 11 日—瑞士罗曼德管弦乐团,指挥:埃内斯特·安塞美

—Artone 222354 –354, Aura AUR 183 – 2, Aura AUR 2000 – 2, Ermitage-Skira ERM 171 –2, Ermitage ERM 183 –2, Ermitage France FRERM 69661 – 2, Grammofono 2000 AB 78675/76, Historic Collection MM 37007, Hommage 7001860 – HOM, Magic Master IMD 37007, Magic Talent CD 48050, Past Perfect 220017 400, The Piano Library PL 252/55, The Radio Years RY 91, Sirio 5300 –36, Waner Fonit 3984 26902 –2

[见注释(64)]

唱片信息注释

(1) Aura 标注了错误的日期:1973 年 5 月 20 日。

(2) Living Stage 标注了错误的日期:1970 年 10 月 11 日。

(3) 与唱片封面上的标注相反,独奏者并非阿尔图罗·贝内代托·米凯兰杰利。他从未在公开场合演奏过贝多芬的《第四协奏曲》,在那段时间里也从未现身于贝尔格莱德。这些往往在盗版唱片中出现的录音,极有可能出自玛利亚·提波之手。有资料显示,他在相应的时间里于前南斯拉夫首都演奏了这首协奏曲。

(4) 保存至今的仅有第一乐章的一个片段。

(5) 一些版本标注的日期为 1939 年 7 月 8 日。

(6) 在 Aura 和 Bella Musica 的唱片上,错误地将指挥马西莫·弗莱齐亚标注成了马里奥·罗西。除了 Aura 和 Memoria ABM 外,其他版本都将此次录音的地点和时间标注为"罗马,RAI 音乐厅,1960 年 5 月 14 日"。事实上,此次演奏于 1960 年 4 月 28 日在梵蒂冈的祝福厅进行,教皇乔瓦尼十三世当时亦在场。只是由梵蒂冈广播台进行的录音在最后时刻出现了干扰,于是米凯兰杰利与弗莱齐亚相约在 1960 年 5 月 14 日于罗马的 RAI 音乐厅重新录制该曲,以纠正录音背景中出现的噪

音。(特此鸣谢皮诺·多纳蒂及安杰洛·斯科蒂尼提供的信息。)

(6-bis) 由 Opus Arte 出版的 DVD 唱片封面并未标明该段录像资料的地点与时间。录像于第一届"阿尔图罗·贝内代托·米凯兰杰利"钢琴节期间获得。

(7) 这首由阿尔图罗·贝内代托·米凯兰杰利在其唯一一次的前南斯拉夫巡演中演奏的协奏曲,其具体演奏日期不详。

(8) Music & Art 标注了错误的日期 1975 年。Music & Art 以及 Rococò 将乐队标注为巴黎交响乐团。

(9) 这次录音的具体地点和时间不详。演奏者是否为阿尔图罗·贝内代托·米凯兰杰利以及标注的乐队和指挥,也无法得到证实。

(10) 几乎所有版本都标注了错误的日期:1963 年或是 1962 年 12 月。

(11) 这场演奏由加拿大广播公司录制并于 1970 年 11 月 2 日播放,在 VAI 69435 上错误地将此播放日期标注为了录制日期。

(12) 几乎所有版本都标注了错误的日期:1961 年 10 月。

(13) 录音最初的标签为 BDM(由阿尔图罗·贝内代托·米凯兰杰利和菲力贝托·迪·马泰奥创立),1965 年以"Decca-BDM"的标签首次在意大利出版,在欧洲其他各国以"Decca"的标签出版。

(14) 在 DG-EVA 和 DG-Zecchini 的唱片上只有《第四叙事曲》。

(15) (伦敦,1948 年 10 月 26 日)阿尔图罗·贝内代托·米凯兰杰利对变奏曲进行了筛选并按照下列顺序进行演奏:

第一册:主题 1,2,3,4,5,6,7,8,10,11,12;

第二册:1,2,5,6,7,8,10,11,12,13,3,4;

第一册:13,14(仅尾声)。

(16) (阿莱佐,1952 年 2 月 12 日)阿尔图罗·贝内代托·米凯兰杰利对变奏曲进行了筛选并按照下列顺序进行演奏:

第一册:主题 1,2,3,4,5,6,7,8,9,10,11,12;

第二册:1,2,5,6,7,8,10,11,12,13,3,4;

第一册:13,14(删除第 268 ~ 277 小节)(14:删除 9 小节)。

(17) (华沙,1955 年 3 月 13 日)阿尔图罗·贝内代托·米凯兰杰利对变奏曲进行了筛选并按照下列顺序进行演奏:

第一册:主题 1,2,3,4,5,6,7,8,9,10,11,12;

第二册:1,2,5,6,7,8,10,11,12,13,3,4;

第一册:13,14(仅尾声)。

(18) (卢加诺,1973 年 5 月 21 日)阿尔图罗·贝内代托·米凯兰杰利对变奏曲进行了筛选并按照下列顺序进行演奏:

第一册:主题 1,2,3,4,5,6,7,8,9,10,11,12;

第二册:1,2,5,6,7,8,10,11,13,3,4;

第一册:13,14(仅尾声)。

(19) (布雷根茨,1988 年 1 月 15 日)阿尔图罗·贝内代托·米凯兰杰利对变奏曲进行了筛选并按照下列顺序进行演奏:

第一册:主题 1,2,3,4,5,6,7,8,9,10,11,12,13;

第二册:1,2,3,4,5,6,7,8,10,12,13;

第一册:14。

(20) AURA 的一些版本标注了错误的日期:1985 年 3 月 3 日或 7 月。

(21) Apex 将日期和地点错误地标注为"特雷维索,1963 年"。几乎其他所有版本都标注了错误的日期:1963 年或 1962 年 12 月。

(22) AURA 和 Ermitage 的一些版本标注了错误的日期:1985 年 3 月 3 日或 7 日。

(23) AURA AUR 208 -2 标注了错误的曲目名称:《玛祖卡舞曲》Op. 33 no. 3。

(24) 所有版本都标注了错误的曲目名称:《玛祖卡舞曲》Op. 41 no. 4。

(25) 另一个信息来源标注了错误的日期:1960 年 6 月 3 日。

(26) 在第三乐章里(小快板 ~ 十一变奏),阿尔图罗·贝内代托·米凯兰杰利对变奏曲进行了筛选并按照下列顺序进行演奏:1,2,4,5,6,10,8,9,尾声。

(27) 这段录音在 CD Memoria 上出现了两种不同音效的版本。

(28) 阿尔图罗·贝内代托·米凯兰杰利最后一次音乐会演奏的录音。

(29) 引用这则缺少录制地点和日期的音频记录只是出于唱片信息完整性的考虑,关于它是否出自米凯兰杰利之手,仍然存在诸多疑点。事实上,虽然这首作品经常为他一些进修课程的学生所演奏,却从未曾出现在大师音乐会演奏曲目总表中。

(30) 在双 CD 里包含了阿尔图罗·贝内代托·米凯兰杰利音乐会的半小时彩排,其中有德彪西和舒曼的一些完整作品及片段;此外还包括了他与调音师奥古斯都·塔罗尼、指挥艾特瑞·格拉提斯的意大利语对话以及他与 EMI 技术员维克多·奥洛夫、音效工程师奈维勒·博依林的一段法语对话。

(31) 在 Aura 225 -2 中只有第 1、2、4、7、8、9、10、11、12 首。

(32) 在 DG-EVA 和 DG-Zecchini CDA 0001 上只有第 2 首。

(33) 在 Philips Classics 456 901 -2 中只有第 3、6、7、8、9、12 首。

(34) 一些资料将此次录音的时间标注为 1949 年 1 月 13 日。

(35) 阿尔图罗·贝内代托·米凯兰杰利演奏了这首奏鸣曲中的急板部分。

(36) 并非《C 大调第五奏鸣曲》。

(37) 所有版本都将这次录音的日期标注为 1939 年,但根据《大师之声》当时的目录名册以及录音原版数据,唱片上的日期更具说服力。

(38) 由日内瓦瑞士罗曼德乐团录制的协奏曲片段。只保留了阿尔图罗·贝内代托·米凯兰杰利演奏的第一乐章(有节制的快板)。一些资料将此次录音的时间标注为 1941 年 6 月 7 日。

(39) 在 Arlecchino 上标注了错误的日期:1973 年 10 月 28 日。另一个信息来源将这次录音的日期标注为 1973 年 11 月 23 日。此数据由德国广播电台提供,其前身为斯图加特南德广播交响乐团,对整首协奏曲进行了录制。

(40) 关于这次录音,另一个普遍认为的时间是 1942 年 9 月 6 日。

(41) Music & Art 将日期错误地标注为 1967 年。阿尔图罗·贝内代托·米凯兰杰利于两次国际钢琴音乐节期间,分别在 1964 年 6 月 22 日和 1968 年 6 月 15 日由"加斯帕罗·达·萨罗"乐团伴奏、奥古斯丁·奥利齐奥指挥,演奏了海顿的《D 大调协奏曲》Op. 21。在 1968 年,他还演奏了莫扎特的《C 大调第十三协奏曲》KV 415,也是由 Arkadia e Hunt 出版的。这两首海顿和莫扎特的协奏曲录音似乎来源一致,因此我们认为将这首协奏曲的录制时间标注为 1968 年 6 月 15 日是合理的。

(42) 在由瑞士罗曼德乐团广播电台录制的演奏中,缺少了第一乐章(庄严的快板)的前 36 小节;在 Arkadia 的唱片中,被 1961 年 4 月 28 日于都灵录制的版本所取代;在 Millennium Classics Drive 的唱片中,只出现了第一乐章。

(43) 普遍接受的日期是 1965 年 4 月 1 日或 9 日。本处标注的日期由日本读卖交响乐团提供。

(44) 一些资料将此次录音的时间标注为 1943 年。

(45) 在 DG-EVA 和 DG-Zecchini CDA 0001 上只有第二乐章(行板)。

(46) 这些彩排还包含了阿尔图罗·贝内代托·米凯兰杰利与柯德·嘉本用意大利语进行的对话。

(47) 在 DG-EVA 和 DG-Zecchini CDA 0001 上只有第二乐章(快板)。

(48) 此次录音是在地中海上的一艘油轮上进行的。

(49) 艾特瑞·格拉提斯在他的回忆录《罗恩格林之夜及其他故事》(威尼斯,Corbo e Fiore 出版社,1985 年,"与西罗一起生活"章节,第 134 ~ 140 页)以及布莱斯·莫里森在 Testament SBT 2088 和 EMI Classics 7243 5 67238 2 5 唱片封面的注解中都将这些录音的日期标注为 1957 年 3 月 5 日,但所指的可能只是录音彩排的时间。

(50) 所有版本都将录音时间错误地标注为 1952 年 1 月 2 日。

(51) 对于标注的时间和日期仍然存在诸多疑点。鉴于缺乏相关唱片,我们假设这应该是1957年1月19日在米兰新剧院同格拉提斯合作的那首协奏曲的录音,或是1957年在伦敦录影棚里进行的录音。

(52) 在Arlecchino ARL上标注了错误的日期:1974年。

(53) 一些资料将此次录音的时间错误地标注为1960年5月7日、22日或27日。

(54) 一些版本将此次录音的时间错误地标注为1942年1月20日。

(55) 关于这段可能是在那不勒斯音乐学院录下的视频资料,缺少具体的时间与地点信息。

(56) 另一个信息来源将录音时间标注为1957年6月。

(57) 在DG-EVA和DG-Zecchini CDA 0001上只有第20首和第21首。

(58) 另一个信息来源将录音时间错误地标注为1957年1月。

(59) 在Cantus Classics上错误地将指挥佩德洛蒂标注成了阿尔切奥·加列拉。

(60) 在Frequenz上标注了错误的日期:1955年3月14日。同时,指挥是罗西,而非艾特瑞·格拉提斯。

(61) 阿尔图罗·贝内代托·米凯兰杰利于1992年9月25日、26日在慕尼黑的嘉斯台大厅演奏了相同的曲目。我们并不知晓两天中具体在哪一天录制了这首作品。

(62) 录音中缺少了最后的几分钟。

(63) 一直以来,这首曲子的作者都被认为是佩莱格里诺·托麦奥尼(约1729~约1816),其主要作品为圣歌。我们认为,这首曲子出自弗洛里德·托麦奥尼之手的推断应该更为合理,他曾经为键盘乐器写下过不少奏鸣曲。

(64) 由日内瓦瑞士罗曼德乐团录制的协奏曲片段。只保留了阿尔图罗·贝内代托·米凯兰杰利演奏的第三乐章(快板)。这首曲子被认为出自维瓦尔第或是托雷利之手,但仍存在诸多疑点。

唱片标签索引

说明

CD = Compact Disc
DVD = Digital Video Disc
LP = Long Playing 30 cm
MC = 磁带
VC = 录像带

国家字母缩写

AUS(澳大利亚) - CH(瑞士) - CHI(中国) - CRO(克罗地亚) - CZ(前捷克斯洛伐克) - E. E. C(欧洲) - F(法国) - FIN(芬兰) - GER(前西德和德国) - I(意大利) - JAP(日本) - KOR(韩国) - NL(荷兰) - POL(波兰) - ROM(罗马尼亚) - SLO(斯洛文尼亚) - U. K.(英国) - URSS(前苏联) - USA(美国) - YUG(前南斯拉夫)

—ALTARA Archive ALT 1005 CD UK
—ALTARA Archive ALT 1007 CD UK
—AMADEUS AMS 042 -043 -2 2 CD I [见注释(1)]
—ANDROMEDA - Andromeda Live ANR 2503 CD I
—ANDROMEDA ANDRCD 5019 2 CD E. E. C
—ANGEL CDC 7 49325 2 CD F
—ANGEL CLASSICS 64490 CD USA
—ANGEL CLASSICS 67258 CD USA
—ANGEL CLASSICS 本世纪伟大的唱片 7243 5 67258 2 9 CD USA
—APEX Historical 0927 40647 2 CD UK
—APEX Historical 0927 40648 2 CD UK
—APEX Historical 0927 40649 2 CD UK
—APEX Historical 0927 40650 2 CD UK
—AQUARIUS 伟大的演奏家 AQVR 225 -2 CD E. E. C.
—ARCHIPEL ARPCD 0054 CD E. E. C.
—ARIOSO Historical 15.006 CD E. E. C.
—ARKADIA 伟大的演绎家 GI 903.1 CD I
—ARKADIA 伟大的演绎家 GI 904.1 CD I
—ARKADIA Historical Performances HP 505.1 CD I
—ARKADIA Historical Performances HP 507.1 CD I
—ARKADIA Historical Performances HP 552.1 CD I
—ARKADIA Historical Performances HP 560.1 CD I
—ARKADIA Historical Performances HP 592.1 CD I
—ARKADIA Historical Performances HP 609.1 CD I
—ARKADIA Historical Performances HP 624.1 CD I
—ARKADIA LE 951.5 CD I
—ARKADIA The 78s Concert 78 563 CD I
—ARKADIA The 78s Concert 78 572 CD I
—ARLECCHINO ARI A06 CD GER 塞尔吉乌·切利比达克的艺术,第九册
—ARLECCHINO ARI A79 CD GER 塞尔吉乌·切利比达克的艺术,第十二册
—ARTISTS Live Recordings FED 027 CD I
—ARTONE 222354 -354 4 CD GER
—AS DISC AS 320 CD I
—AS DISC AS 321 CD I
—AS DISC AS 330 CD I
—AS DISC NAS 2601 CD USA
—AURA MUSIC AUR 135 -2 CD I
—AURA MUSIC AUR 136 -2 CD I
—AURA MUSIC AUR 183 -2 CD I
—AURA MUSIC AUR 201 -2 CD I
—AURA MUSIC AUR 202 -2 CD I
—AURA MUSIC AUR 204 -2 CD I [见注释(2)]
—AURA MUSIC AUR 206 -2 CD I
—AURA MUSIC AUR 208 -2 CD I

—AURA MUSIC AUR 210 -2 CD I
—AURA MUSIC AUR 211 -2 CD I
—AURA MUSIC AUR 212 -2 CD I
—AURA MUSIC AUR 215 -2 CD I
—AURA MUSIC AUR 217 -2 CD I
—AURA MUSIC AUR 218 -2 CD I
—AURA MUSIC AUR 219 -2 CD I
—AURA MUSIC AUR 220 -2 CD I
—AURA MUSIC AUR 221 -2 CD I
—AURA MUSIC AUR 222 -2 CD I
—AURA MUSIC AUR 223 -2 CD I
—AURA MUSIC AUR 224 -2 CD I
—AURA MUSIC AUR 225 -2 CD I
—AURA MUSIC AUR 226 -2 CD I
—AURA MUSIC AUR 227 -2 CD I
—AURA MUSIC AUR 238 -2 CD I
—AURA MUSIC AUR 249 -2 CD I
—AURA MUSIC AUR 250 -2 CD I
—AURA MUSIC AUR 431 -2 CD I
—AURA MUSIC AUR 2000 -2 15 CD I
—AURA MUSIC AUR 2000 -2 7 CD I
[见注释(3)]
—BBC Legends BBCL 4043 -2 CD UK
—BBC Legends BBCL 4064 -2 CD UK
—BBC Legends BBCL 4128 -2 CD UK
—BELLA MUSICA BM - CD 31 6001 CD GER
—BMG Classics BVBC -31007 DVD JAP
—BMG Classics BVCC - 37190 - 91 2 CD JAP
—BRILLANT CLASSICS 99228 5 CD NL
—CANTUS AND SOCIETY OF THE ZAGREB WITH PHILHARMONIC SUPPORTERS (senza numero) CD CRO
[见注释(4)]
—CANTUS CLASSICS Legenden: Klavier Konzerte 5.00111 2 CD GER
—CANTUS CLASSICS Legenden: Klavier Konzerte 5.00112 2 CD GER
—CANTUS CLASSICS Legenden: Pianisten 5.00173 2 CD GER
—CETRA ARCD 01 3 CD I
—CETRA ARCD 02 3 CD I
—CETRA Emozioni CDAR 2001 CD I
—CETRA Emozioni CDAR 2002 CD I
—CETRA Emozioni CDAR 2003 CD I
—CETRA Emozioni CDAR 2004 CD I
—CETRA Emozioni CDAR 2005 CD I
—CETRA Emozioni CDAR 2006 CD I
—CETRA K22 C249 CD JAP
—CHIN PEI CP 1153 MC KOR
—CLAQUE CD GM 1001 CD I
—CLASSIC EDITIONS CO 3538 CD E. E. C.
—CLASSICA D'ORO 3003 CD E. E. C.
—CLASSICA D'ORO 3005 CD E. E. C.
—CLASSICA D'ORO 3014 CD E. E. C.
—CLASSICA D'ORO 3024 CD E. E. C.
—CLS MCL 2007 LP I
—CLS RPCL 2007 LP I
—CULT OF CLASSICAL MUSIC CO-COM 1007 S 4 CD JAP
—DECCA -Ovation 417 772 -2 CD UK
—DECCA KICC 8181 CD JAP
—DG 400 043 -2 CD GER
—DG 413 449 -2 CD GER
—DG 413 450 -2 CD GER
—DG 415 372 -2 CD GER
—DG 419 248 -2 CD GER
—DG 419 249 -2 CD GER
—DG 423 230 -2 CD GER
—DG Dokumente 423 231 -2 CD GER
—DG 427 391 -2 CD GER
—DG 429 353 -2 CD GER
—DG 431 097 -2 CD GER
—DG 447 643 -2 11 CD GER
—DG 449 438 -2 2 CD GER
—DG -The Originals 449 757 -2 CD GER
—DG -The Originals 457 762 -2 CD GER
—DG - Centenary Collection 459 033 -2 CD GER
—DG -Collection Edition 469 820 -2 8 CD GER
—DG 469 855 -2 2 CD GER
—DG F28G 20198 CD JAP
—DG F32G 20307 CD JAP
—DG F35G 20195 CD JAP
—DG F35G 20196 CD JAP
—DG F35G 20197 CD JAP
—DG F35G 50143 CD JAP
—DG F35G 50168 CD JAP

—DG F35G 50169 CD JAP
—DG F35G 50343 CD JAP
—DG POCD −50078 2 2 CD JAP
—DG POCG −1066 CD JAP
—DG POCG −1121 CD JAP
—DG POCG −1122 CD JAP
—DG POCG −1228 CD JAP
—DG POCG −20472 CD JAP
—DG New Super Best 101 FUCCG −7078 CD JAP
—DG − EVA (Europäische Verlagsanstalt) CD GER [见注释(5)]
—DG −ZECCHINI EDITORE CDA 0001 CD I [见注释(6)]
—DIAPASON DRCD 69 CD I [见注释(7)]
—DISCOCORP IGI 327 LP USA
—DISCOCORP IGI 334 LP USA
—DREAMLIFE ENTERPRISE DLVC − 1090 DVD JAP
—EMI CC30 9092 CD JAP
—EMI CC30 9101 CD JAP
—EMI Serie Angel CDC 7 49324 −2 CD E. E. C.
—EMI Serie Angel CDC 7 49326 −2 CD E. E. C.
—EMI CLASSICS Angel 7243 575230 2 8 CD UK
—EMI CLASSICS Angel 7243 5 62757 2 0 CD E. E. C.
—EMI CLASSICS Angel 7243 62824 2 1 CD E. E. C.
—EMI CLASSICS Angel 7243 5 67258 2 9 CD E. E. C.
—EMI HMV 7243 575230 2 8 CD UK
—EMI HMV 7243 575231 2 7 CD GER
—EMI CLASSICS Encore 7243 575229 2 2 CD USA
—EMI CLASSICS Encore 7243 575229 2 2 CD AUS
—EMI CLASSICS 20 世纪伟大的艺术家 7243 5 62823 2 2 CD E. E. C.
—EMI CLASSICS 本世纪伟大的唱片 7243 5 67238 2 5 CD E. E. C.
—EMI CLASSICS 本世纪伟大的唱片 7243 5 62740 2 0 CD E. E. C.
—EMI CLASSICS 古典专辑 575700 2 CD F
—EMI CLASSICS Références CDH 7 638192 CD E. E. C.
—EMI CLASSICS Références CDH 7 644902 CD E. E. C.
—EMI Italiana CLASSICS 7243 5 67041 2 6 CD I
—EMI Italiana Studio CDM 7 69241 −2 CD I
—EMI ELECTROLA 769 241 −2 CD GER
—EMI −TOSHIBA TOCE −3185 CD JAP
—EMI − TOSHIBA Supermasters TOCE − 7737 CD JAP
—EMI − TOSHIBA Supermasters TOCE − 7738 CD JAP
—EMI −TOSHIBA TOCE 8248/50 3 CD JAP
—EMI −TOSHIBA TOCE −13043 CD JAP
—ERMITAGE ERM 122 −2 CD I
—ERMITAGE ERM 123 −2 CD I
—ERMITAGE ERM 183 −2 CD I
—ERMITAGE ERM 210 −2 CD I
—ERMITAGE ERM 211 −2 CD I
—ERMITAGE ERM 212 −2 CD I
—ERMITAGE ERM 301 −2 CD I
—ERMITAGE ERM 302 −2 CD I
—ERMITAGE ERM 303 −2 CD I
—ERMITAGE ERM 432 −2 CD I
—ERMITAGE France FRERM 69661 −2 CD F
—EUROARTS − TDK 10 5231 9 DV − MPSR DVD GER
—EXCLUSIVE EX92T14 CD I
—EXCLUSIVE EX92T17 CD I
—EXCLUSIVE EX92T61/62 2 CD I
—《FACHMANN FÜR KLASSISCHER MUSIK》SOCIETY FKM CDR 1 S CD JAP
—FONÈ 90 F 32 CD I
—FONIT CETRA Grandi Scelte CDE 1002 CD I
—FONIT CETRA Grandi Scelte CDE 1021 CD I
—FONIT CETRA Grandi Scelte CDE 1042 CD I

—FONIT CETRA Grandi Scelte CDE 1048 CD I
—FONIT CETRA CDO 122 CD I
—FONIT CETRA CDO 126 CD I
—FONIT CETRA CDO 130 CD I
—FONIT CETRA CDO 134 CD I
—FONIT CETRA CDO 137 CD I
—FONIT CETRA CDO 506 CD I
—FONIT CETRA CDO 510 CD I
—FONIT CETRA CDO 510 CD I
—FONIT CETRA – VIDEORAI VRN 2129 VC I
—FONIT CETRA – VIDEORAI VRN 2130 VC I
—FONIT CETRA – VIDEORAI VRN 2131 VC I
—FONIT CETRA – VIDEORAI VRN 2132 VC I
—FONO ENTERPRISE Debut Series 1026 CD I
—FREQUENZ Compact Discoteca 041 – 009 CD I
—FREQUENZ Europa Musica 051 –050 3 CD I
—GALILEO GL 2 CD JAP
—GALILEO GL 5 CD JAP
—GEWANDHAUS MUSIC CIRCLE CG 19 CD JAP [见注释(8)]
—GEWANDHAUS MUSIC CIRCLE SG 33/34 2 CD JAP [见注释(9)]
—GOLDEN MEMORIES 3005/06 2 CD E. E. C.
—GRAMMOFONO 2000 AB 78675/76 2 CD I
—GRAMMOFONO 2000 AB 78698 CD I
—GREEN LINE Goncerto CD 3CLC 40052 CD I
—HISTORIC COLLECTION MM 37007 CD I
—HISTORIC COLLECTION MM 37042 CD I
—HISTORICAL PERFORMERS 米凯兰杰利专辑 HP 21 CD I
—HISTORY 钢琴大师 20.31691 –306 2 CD GER
—HISTORY 20.4582 –308 20 CD GER
AA. VV. -约翰·塞巴斯蒂安·巴赫:钢琴作品
—HOMMAGE 7001851 –HOM CD E. E. C. [见注释(10)]
—HOMMAGE 7001852 –HOM CD E. E. C. [见注释(10)]
—HOMMAGE 7001853 –HOM CD E. E. C. [见注释(10)]
—HOMMAGE 7001854 –HOM CD E. E. C. [见注释(10)]
—HOMMAGE 7001855 –HOM CD E. E. C. [见注释(10)]
—HOMMAGE 7001856 –HOM CD E. E. C. [见注释(10)]
—HOMMAGE 7001857 –HOM CD E. E. C. [见注释(10)]
—HOMMAGE 7001858 –HOM CD E. E. C. [见注释(10)]
—HOMMAGE 7001859 –HOM CD E. E. C. [见注释(10)]
—HOMMAGE 7001860 –HOM CD E. E. C. [见注释(10)]
—HUNT CD 505 CD I
—HUNT CD 507 CD I
—HUNT CD 552 CD I
—HUNT CD 560 CD I
—HUNT CD 592 CD I
—HUNT CD 903 CD I
—HUNT CD 904 CD I
—IRON NEEDLE IN 1409 CD I
—ISTITUTO DISCOGRAFICO ITALIANO IDIS 337 CD I
—JOY CLASSICS JOYCD –9011 CD JAP
—JOY CLASSICS JOYCD – 9026/27 2 CD JAP
—JOY CLASSICS JOYCD –9028 CD JAP
—LEGEND LGD 100 CD I
—LEGEND LGD 115 CD I
—LEGEND LGD 120 CD I
—LIVE CLASSICS BEST 100 LCB 029 CD E. E. C.
—LIVE CLASSICS BEST 100 LCB 115 CD E. E. C.
—LIVING STAGE LS 4035176 2 CD SLO
—MAGIC MASTER IMD 37007 CD I
—MAGIC MASTER IMD 37025 CD I

—MAGIC MASTER IMD 37042 CD I
—MAGIC MASTER IMD 37050 CD I
—MAGIC TALENT CD 48010 CD I
—MAGIC TALENT CD 48050 CD I
—MAGIC TALENT CD 48058 CD I
—MAGIC TALENT CD 48071 CD I
—MELODRAM MEL 28019 1/2 2 CD I
—MEMBRAN Quadromania 222149 -444 4 CD GER
—MEMBRAN 223042 -321 10 CD GER
—MEMORIA ABM 999.001 4 CD CH
—MEMORIA ABM 999.101 2 CD CH
—MEMORIA ABM 999.105 CD CH
—MEMORIES HR 4368/69 2 CD I
—MEMORIES EXCELLENCE ME1018/19 2 CD I
—MEMORIES EXCELLENCE ME1039/40 2 CD I
—MJA 100 LP USA
—MOVIMENTO MUSICA CD 011.009 CD I
—MOVIMENTO MUSICA CD 011.011 CD I
—MOVIMENTO MUSICA CD 051.009 CD I
—MOVIMENTO MUSICA ANF 34 -1 CD JAP
—MULTISONIC 布拉格春季合辑 31.0193 -2 CD CZ
—MUSIC & ARTS 美国曲目 CD -296 CD USA
—MUSIC & ARTS 美国曲目 CD -4296 CD USA
—MUSIC & ARTS 美国曲目 CD -817 2 CD USA
—MUSIC & ARTS 美国曲目 CD -924 CD USA
—MUSIC & ARTS 美国曲目 CD -955 CD USA
—MUSIC & ARTS 美国曲目 CD -4955 CD USA
—MUSIC & ARTS 美国曲目 CD -1036 CD USA
—MUSIC & ARTS 美国曲目 CD -1147 CD USA
—MUSIC & ARTS 美国曲目 CD -1162 CD USA
—MUSICAL HERITAGE SOCIETY 513996F CD USA
—MUSICOM INTESA MC 9919/20 2 CD I［见注释(11)］
—NOTA BLU I 伟大的古典名曲 93.5109 1/2 2 CD I
—NOTA BLU I 伟大的古典名曲 93.5110 3/4 2 CD I
—NOTES PGP 11 002 CD I
—NOTES PGP 11 012 CD I
—NOTES PGP 11 027 CD I
—NUOVA ERA CD 013.6331 CD I
—NUOVA ERA CD 013.6341 CD I
—NUOVA ERA CD 2218 CD I
—NUOVA ERA MEMORIES 3009/3010 2 CD E. E. C.
—NVC Arts-Warner Music Vision 3984 -29199 -2 DVD USA
AA. VV. 钢琴艺术
—NVC Arts-Warner Music Vision 3984 -29199 -3 VC USA［见注释(12)］
AA. VV. 钢琴艺术
—《O》《O》《O》CLASSICS TH 009 CD JAP
—《O》《O》《O》CLASSICS TH 019 CD JAP
—OPUS ARTE OA0939D DVD UK
—OPUS ARTE OA0940D DVD UK
—OPUS ARTE OA0941D DVD UK［见注释(13)］
—PAST PERFECT Hall of Fame 220017 400 5 CD GER
—PEARL GEMMCDS 9086 2 CD GB
ABM /卡洛·奇泽的早期录音
—PHILIPS CLASSICS 本世纪伟大的钢琴家 456 901 -2 2 CD NL
—PHILIPS CLASSICS 本世纪伟大的钢琴家 456 904 -2 2 CD NL
—THE PIANO LIBRARY PL 183 CD I
—THE PIANO LIBRARY PL 211 CD I
—THE PIANO LIBRARY PL 252/55 4 CD I
—THE PIANO LIBRARY PL 272 CD I
—THE PIANO LIBRARY PL 291 CD I
—ABM/迪努·利帕蒂；与演奏家们的比

较,第一辑
—POLOARTS POLO VAB - 20022 - 4 DVD CHI
—POLSKIE NAGRANIA PNCD 328 CD POL
—POLSKIE NAGRANIA PNCD 351 CD POL
—PRAGA PR 250 021 CD F
*ABM/*瓦兹拉夫·斯美塔契克/叶甫盖尼·穆拉汶斯基—贝多芬
—PRAGA PR 250 042 CD F
*ABM/*尼基塔·马切洛夫—肖邦
—PRAGA PR 256 003 CD F
—PRAGA - LE CHANT DU MONDE PR 50021 CD F
*ABM/*瓦兹拉夫·斯美塔契克/叶甫盖尼·穆拉汶斯基—贝多芬
—THE RADIO YEARS RY 91 CD E. E. C.
—SIRIO 本世纪唱片 SO 5300 -3 CD I
—SIRIO 本世纪唱片 SO 5300 -36 CD I
—TAHRA TAH 537 CD F
—TELDEC 8. 43765 CD GER
*ABM/*乔治·库伦坎普夫
—TELDEC 8. 43765 CD GER
—TELDEC 0630-13303-2 2 CD E. E. C.
—TELDEC SDC 12 084958 2 CD E. E. C.
—TELDEC Historic 4509 -93671 -2 CD E. E. C.
—TELDEC Historic 9031 -76439 -2 CD E. E. C.
—TESTAMENT SBT 2088 2 CD UK
—THEATRE 400 353 -5 CD JAP
—TIM - 国际音乐公司 221472 3 CD GER
—URANIA URN 22. 205 CD I
—URANIA URN 22. 230 CD I
—URANIA URN 22. 256 2 CD I
—VAI Video Artists International DVD 4213 DVD USA
—VAI Video Artists International VHS HI - FI 69435 VC USA [见注释(14)]
—VIP (VERY IMPORTANT PRODUCTS) VCD 5001 CD JAP
塞尔吉乌·切利比达克—舒曼/拉威尔
—VIR TUOSO CD 269708 2 CD I
—WARNER FONIT Nero su bianco/1 3984 26901 -2 CD I
—WARNER FONIT Nero su bianco/2 3984 26902 -2 CD I
—WARNER FONIT 5050466 -2911 -2 -7 2 CD I
—WARNER FONIT Les incontournables du dassique 507635 CD F
—WARNER SPECIAL MARKETING 0630 13 303 -2 ZK 2 CD GER
—WARNER SPECIAL MARKETING 4509 93 671 -2 ZS CD GER
—WARNER SPECIAL MARKETING 0927 40 649 -2 CD GER

唱片标签注释

(1) 杂志《特别的阿玛多伊斯》第三期,附赠唱片,1997 年 5 月。

(2) 在 AUR 204 -2 的版本中,《圆舞曲》OP. 69 no. 1 和《圆舞曲》Op. 34 no. 2 的顺序颠倒了。

(3) 套装包括了 i CD AUR 221 -2, 222 -2, 223 -2, 224 -2, 225 -2, 226 -2, 227 -2。

(4) 非卖 CD。

(5) 非卖 CD,是柯德·嘉本所著的《阿尔图罗·贝内代托·米凯兰杰利:与神魔博弈》(汉堡,Europäische Verlagsanstalt 出版社,2002 年)一书的附赠唱片。

(6) 非卖 CD,是柯德·嘉本所著的《阿尔图罗·贝内代托·米凯兰杰利:与神魔博弈》(瓦雷泽,Zecchini 出版社,2004 年)一书的附赠唱片。

(7) 非卖 CD,仅针对普拉托储蓄基金银行客户。

(8) 非卖双 CD。

(9) 非卖 CD

(10) 十张单张唱片 CD HOM-

MAGE 是套装 HOMMAGE 7001850 – HOM 中的一部分。

（11）非卖双 CD，是《贝内代托·米凯兰杰利重获的声音》（米兰，Electa Musicom 出版社，1999 年）一书的附赠唱片，仅针对联合商业银行客户。

（12）通过 PAL 和 NTSC 两种制式出版的录像。

（13）预计于 2006 年 4 月出版。

（14）通过 PAL 和 NTSC 两种制式出版的录像。

地点索引

音乐家索引

乐团索引

"阿尔图罗·贝内代托·米凯兰杰利"资料中心

在伟大的钢琴家阿尔图罗·贝内代托·米凯兰杰利(布雷西亚1920—卢加诺1995)去世后的数年里,世界各地发起了多项活动来纪念大师。然而,此类纪念活动的形式主要集中于举办音乐会和发行唱片,未能形成一个完整而科学的方案,从而对有关大师生平经历与职业生涯的历史资料进行调查与整理。成立一个资料中心的想法在此时诞生。我们希望它能成为一个基地,负责收集大师的真实资料,并在世界范围内传播有关大师艺术的书籍、研究与评论。

"阿尔图罗·贝内代托·米凯兰杰利"资料中心成立于1999年春,计划对有关阿尔图罗·贝内代托·米凯兰杰利钢琴艺术的资料进行收集、分类,并在必要的情况下将资料翻译成意大利语。这些资料包括:

—书籍、评论、采访、毕业论文

—唱片评论

—音乐会介绍与评论

—轶事以及音乐家、朋友、熟人的回忆

—音乐会的演出海报、照片与节目单

—有关音乐会和采访的出版与未出版的视听记录

资料中心位于布雷西亚,由音乐学家斯坦法诺·比奥萨、马可·比扎里尼管理。

自成立以来,资料中心已出版过数本刊物,并在意大利及海外举办了多场研讨会、音乐会及讲座。

在此,我们想提前感谢诸位朋友。如各位愿意提供在意大利和海外出版的有关阿尔图罗·贝内代托·米凯兰杰利的文章与评论,将是我们巨大的荣幸。如有资料,可通过以下地址联系我们:

Stefano Biosa & Marco Bizzarini

c/o Centro di Documentazione “Arturo Benedetti Michelangeli”

Casella postale n. 339

Piazza Vittoria, 1

25121 Brescia

E-mail: cdabm@libero. it

URL: www. centromichelangeli. com

图书在版编目（CIP）数据
米凯兰杰利 / 皮耶罗 · 拉塔利诺著；陆辛耘译. －上海：上海音乐出版社，2020.9 重印
（伟大钢琴家系列）
意大利泽基尼出版公司引进
ISBN 978-7-5523-0763-4
Ⅰ. 米… Ⅱ. ①皮… ②陆… Ⅲ. 米凯兰杰利－传记 Ⅳ. K835.135.76
中国版本图书馆 CIP 数据核字（2015）第 028125 号

书　　名：米凯兰杰利
著　　者：皮耶罗 · 拉塔利诺
译　　者：陆辛耘

出 品 人：费维耀
项目负责：王　琳
责任编辑：段劲楠
音像编辑：段劲楠
封面设计：陆震伟
印务总监：李霄云

出版：上海世纪出版集团　上海市福建中路 193 号　200001
　　　上海音乐出版社　上海市打浦路 443 号荣科大厦　200023
网址：www.ewen.co
　　　www.smph.cn
发行：上海音乐出版社
印订：上海华顿书刊印刷有限公司
开本：889×1194　1/32　印张：4.625　字数：90,000
2015 年 4 月第 1 版　2020 年 9 月第 2 次印刷
ISBN 978-7-5523-0763-4/J · 0688
定价：28.00 元
读者服务热线：（021）64375066　印装质量热线：（021）64310542
反盗版热线：（021）64734302　（021）64375066-241